W0069485

Angelika Krüger

Vegetarisch kochen – international

Angelika Krüger

Vegetarisch kochen – international

Menüs aus aller Welt

pala verlag

© pala-verlag, Darmstadt, 1996

Deutsche Erstausgabe

ISBN: 3-89566-117-1

Lektorat: Ute Galter

Titelzeichnung und Illustrationen: Margret Schneevoigt

Zettel-Zeichnungen: Sabine Hoff

Druck: Fuldaer Verlagsanstalt

Printed in Germany

Dieses Buch (Innenteil und Umschlag) ist auf
Papier aus 100 % Recyclingmaterial gedruckt

Inhalt

Einleitung

Mit diesem Kochbuch habe ich die Möglichkeit, zwei meiner großen Leidenschaften – Kochen und Reisen – miteinander zu verbinden. Vor zwölf Jahren entschloß ich mich, vegetarisch zu leben. Seither haben mein Interesse an ernährungswissenschaftlichen Themen und meine Begeisterung fürs Kochen stetig zugenommen. Ich begann, Seminare und Kochkurse zu besuchen, und habe später parallel zu meinem Ethnologiestudium in einem Naturkostladen gearbeitet; gleichzeitig habe ich auch selbst Koch- und Backkurse geleitet. Zudem lebe ich seit einigen Jahren mit einem ausgebildeten ehemaligen Meisterkoch zusammen, der meine Kochkünste durch einige »Profitricks« verfeinert hat. Bei ihm bedanke ich mich ganz besonders für seine Hilfe und Unterstützung bei der Realisierung dieses Buches.

Auf meinen Reisen bin ich stets auf der Suche nach traditionellen, landestypischen Rezepten, was in der »Boomzeit« vieler sogenannter Drittweltländer nicht immer einfach ist. Manchmal werde ich auf Straßenmärkten in abgelegenen Gebieten, die bislang noch weitgehend vom Massentourismus verschont geblieben sind, fündig. Oder ich werde eingeladen und zuhause bekocht, wobei die eigentliche Arbeit allerdings darin besteht, meine Gastgeberin bzw. meinen Gastgeber davon zu überzeugen, daß ich tatsächlich das Essen ihrer Großmutter auf dem Lande essen möchte und nicht modernen, meist pseudo-westlichen Schnickschnack. Manchmal gehe ich auch einfach auf dem Markt einkaufen und bringe das erstandene Gemüse in die Hotelküche, wo das Kochteam dann ein tolles Essen zaubert. Oftmals sind die Angestellten über das Mehr an Arbeit, das mit einem solchen Wunsch verbunden ist, zunächst ärgerlich und können unsere Absicht kaum glauben. Aber das gute Trinkgeld, meine Begeisterung und auch die Möglichkeit, an den traditionellen Mahlzeiten teilnehmen zu können, ruft dann doch auch Freude beim Kochteam hervor. Täglich serviert man uns dann neue Leckereien, die es sonst nur noch selten, zu besonderen Anlässen oder beim Besuch bei der Familie in einem kleinen abgelegenen Dorf, gibt.

Ein geringer Anteil der Rezepte in diesem Buch stammt von Freundinnen und Freunden aus den jeweiligen Ländern, die jetzt in Deutschland oder England leben. Für ihre Hilfe bin ich äußerst dankbar. Im übrigen bedanke ich mich bei allen Menschen, die mir Gelegenheit gaben, dieses Buches zu schreiben, und mich dabei unterstützt haben.

Hinweise zum Gebrauch

Bei der Auswahl der Rezepte habe ich versucht, typische Gerichte der jeweiligen Länder zu finden, d. h. »traditionelle« Speisen mit landestypischen, weitgehend originalen Zutaten, die so authentisch wie möglich und somit auch vollwertig sind. Da es auch bei Originalrezepten unzählige Varianten gibt, habe ich jeweils mein Lieblingsrezept ausgewählt. Dieses Buch konzentriert sich auf die vegetarische Küche, wobei die meisten Gerichte darüber hinaus auch traditionell tierisch-eiweißfrei sind; nur in wenigen Fällen habe ich Fleisch durch Seitan ersetzt. Dies erscheint mir eine gute Alternative für die vegetarische Ernährung zu sein, die die Gerichte nicht zu sehr verfälscht.

Ich habe versucht, alle mir bekannten überlieferten Regeln mit ernährungswissenschaftlichem Wert zu befolgen, z. B. nicht Cassava und Ingwer in einem Gericht zu kombinieren oder Tofu nicht roh oder zusammen mit Süßigkeiten anzubieten. Bei der Verwendung von Getreide mit Obst, was wegen der gärenden und säuernden Eigenschaft vermieden werden sollte, weiche ich zuweilen von diesem Vorsatz ab. In den meisten Fällen ist diese Kombination bei Desserts verwendet, die ohnehin nicht Bestandteil der täglichen vollwertigen Mahlzeit sein sollten. Meiner Meinung nach tut eine süße (oder saure?) »Sünde«, die man sich bewußt und nur ab und zu gönnt, der Seele gut...

Für jedes Land besteht die Möglichkeit, aus den angebotenen Rezepten ein komplettes Menü im Sinne einer vollwertigen Mahlzeit zusammenzustellen: Getreidegerichte sind durch eine Getreideähre gekennzeichnet, vorwiegend eiweißhaltige Gerichte durch eine Bohnenschote, Gemüsegerichte durch eine Rübe, salatähnliche Zubereitungen oder Rohkost durch einen Salatkopf und Desserts durch einen Apfel. Ist in einem Menü jeweils ein Gericht aus den ersten vier bzw. allen fünf Kategorien enthalten, ist gewährleistet, daß die fünf Geschmacksrichtungen (süß, sauer, salzig, bitter, scharf) abgedeckt und daß – als weiterer Aspekt der Ausgewogenheit – verschiedene Zubereitungsarten angewandt werden.

Schließlich war für die Auswahl der Rezepte maßgebend, daß die Zutaten in Deutschland erhältlich sind und daß sich die Gerichte in einer typischen deutschen Küche ohne allzu große Probleme kochen lassen. Auf den ersten Blick für uns ungewöhnliche Zutaten sind in Naturkostläden und in Spezialitätengeschäften aus der jeweiligen Region zu beziehen.

Die Mengenangaben beziehen sich in der Regel auf 4 Personen, allerdings gebe ich nur »ca.-Angaben«, insbesondere bei Gewürzen, da die zu verwendende Menge vom persönlichen Geschmack und auch von den Produkten abhängig ist sowie vom Kochgerät und natürlich von der Energie der Köchin bzw. des Kochs.

Doch nun genug von all der Theorie!

Ich wünsche Ihnen viel Spaß beim Ausprobieren der Rezepte, ein gutes Gelingen und vor allem: guten Appetit!

Angelika Krüger

Anmerkungen zu den Rezepten

○ In den Rezepten wird häufig »Gemüsebrühe« als Zutat aufgeführt. Damit ist Koch- bzw. Blanchierwasser von Gemüse gemeint. Steht dieses nicht zur Verfügung, läßt sich eine Gemüsebrühe schnell herstellen, indem man z. B. Lauch, Sellerie, Karotten und Zwiebeln einige Minuten lang kocht und absiebt.

○ Beim **Kochen von Hülsenfrüchten** sollte folgendes **Grundrezept** beachtet werden, damit die weniger gesundheitsfördernden Inhaltsstoffe der Hülsenfrüchte, z. B. Purine, entweichen:
Hülsenfrüchte über Nacht, d. h. mehrere Stunden, einweichen. Einweichwasser abgießen, Hülsenfrüchte abwaschen und mit frischem Wasser gut bedeckt aufkochen. Nach einigen Minuten abschütten, erneut mit kaltem Wasser abwaschen und nun zum Kochen mit so viel frischem Wasser aufsetzen, daß die Hülsenfrüchte gerade bedeckt sind. Niemals Salz zugeben, bevor die Hülsenfrüchte weich gegart sind!

○ Meist empfehle ich, zum Kochen von Hülsenfrüchten einen Dampfdrucktopf zu benutzen, auch wenn das nicht immer unbedingt landestypisch ist. Durch diese Kochweise läßt sich die oft stundenlange Garzeit sehr verringern, ohne daß das Gericht verfälscht wird. Das gleiche gilt für andere moderne Kochgeräte, z. B. die Küchenmaschine, die die Arbeit oft erleichtert und beschleunigt. Andere Ersatzmaterialien, z. B. ein Baumwolltuch (oder in einem Fall Alufolie), sind leider unvermeidliche Alternativen zu Bananenblättern, die eventuell nicht erhältlich sind, oder zu Ton, der beim Kochen mit offenem Feuer benutzt wird, was sich in einer modernen Küche schlecht realisieren läßt.

○ Wer das Aroma, nicht aber unbedingt die volle Schärfe von Chilis liebt, entfernt am besten das Kerngehäuse.

○ Wenn Honig als Zutat in den Rezepten angegeben ist, sollte unbedingt geschmacksneutraler Honig wie Klee- oder Rapshonig verwendet werden.

○ Gläser, in die Gemüse zum Fermentieren gefüllt wird, müssen zuvor sterilisiert werden, z. B. indem sie einige Minuten lang ausgekocht werden. Die richtige Salzkonzentration der Sole wird festgestellt, indem man ein frisches, rohes Ei auf den Boden eines mit der zu verwendenden Wassermenge gefüllten Glases legt und Salz langsam einrieseln läßt. Wenn das Ei hochsteigt, ist die korrekte Salzkonzentration erreicht. Nun das Ei herausnehmen. Eine andere Möglichkeit besteht darin, eine geschätzte Salzmenge mit der erforderlichen Wassermenge zum Kochen zu bringen und eine geschälte rohe Kartoffel hineinzugeben. Falls die Kartoffel an der Oberfläche schwimmt, langsam so viel Wasser zugeben, bis sie anfängt zu sinken. Sollte die Kartoffel schnell hinunterplumpsen, muß die Wassermenge durch schnelles Kochen reduziert werden, bis die Kartoffel wieder zu steigen beginnt; dann die Kartoffel sofort herausnehmen.

O Falls nicht anders angegeben, sind die Rezepte für vier Personen berechnet.

Zeichenerklärung

Fast alle Rezepte in diesem Buch sind mit einem Symbol gekennzeichnet. Die Symbole haben folgende Bedeutung:

 = Getreidegerichte

 = vorwiegend eiweißhaltige Gerichte

 = Gemüsegerichte

 = salatähnliche Zubereitungen bzw. Rohkost

 = Desserts

Lateinamerika

Mexiko

Maispfannkuchen

2 Tassen Maismehl
1 Tasse warmes Wasser

Das Wasser langsam mit einem
Schneebesen in das Mehl einrühren. Aus diesem Teig in einer ungefetteten, mäßig heißen Pfanne
vorsichtig kleine runde Pfannku-
chen backen, bis sie eine goldene
(nicht braune!) Farbe angenommen
haben.

Roter Bohnentopf

1 ½ Tassen getrocknete rote
*   Kidneybohnenkerne*
3 EL Olivenöl
1 rote Paprikaschote, diagonal in
*   2 cm breite Streifen geschnitten*
1 große Zwiebel, grob gewürfelt
2 – 3 Knoblauchzehen,
*   fein gehackt*
½ – 1 EL Chilipulver
1 EL Kreuzkümmel (Kumin)
⅛ TL Piment, gemahlen
1 Prise rote Chiliflocken
8 Eiertomaten
¼ Tasse trockener Rotwein
2 Zweige Oregano
½ kleiner Butternut-Kürbis,
*   geschält und in ca. 4 cm große*
*   Würfel geschnitten*

½ Orangenschale, gerieben
½ TL Salz
¼ TL schwarzer Pfeffer
je 1 EL Korianderblätter und
*   glatte Petersilie, fein gehackt*
1 EL Frühlingszwiebeln, in Ringe
*   geschnitten*

Die Bohnen nach dem Grundrezept
(siehe Seite 10) in ca. 20 Minuten
im Dampfdrucktopf garen. Öl in
einem großen Topf erhitzen. Die
Paprikaschote einige Minuten lang
darin sautieren, bis die Haut anfängt, Blasen zu werfen, dann die
Kochtemperatur etwas reduzieren.
Die Zwiebel zugeben und das Ganze weiter sautieren, bis die Zwiebel
leicht golden ist. Nun den Knoblauch zugeben und eine Sekunde
lang unter Rühren mit sautieren.
Chilipulver, Kreuzkümmel, Piment
und die zerriebenen Chiliflocken
einrühren und einige Sekunden
lang mit sautieren. Tomaten ent-
häuten, hacken, zum Gemüse zugeben und das Ganze 20 Minuten
lang bedeckt köcheln lassen. Falls
die Soße zu trocken ist, eventuell
etwas Wasser zugeben. Rotwein,
Oregano und Kürbis zugeben und
bedeckt ca. 10 – 15 Minuten lang
köcheln lassen, bis der Kürbis fast
weich ist. Nun die Orangenschale,
die Bohnen, Salz und Pfeffer einrühren und nochmals einige Minuten lang leicht bedeckt köcheln
lassen, bis der Kürbis gut weich ist.
Vor dem Servieren mit den übrigen
Kräutern und den Frühlingszwiebeln bestreuen.

Wurzeltopf

2 EL Kreuzkümmel (Kumin)
4 EL Olivenöl
3 Knoblauchzehen, zerrieben
⅓ Tasse Wasser
2 EL Honig
¼ TL Salz
¼ TL schwarzer Pfeffer
500 g Karotten, in ca. 1 ½ cm
  dicke Scheiben geschnitten
500 g Pastinaken, in ca. 1 ½ cm
  dicke Scheiben geschnitten
2 Limetten, ersatzweise 1 Zitrone
½ Bund Minze, fein gehackt

Den Kreuzkümmel vorsichtig in
einer ungefetteten, mäßig heißen
Pfanne unter Rühren leicht rösten.
Öl in einem flachen, feuerfesten
Topf erhitzen, Knoblauch und
Kreuzkümmel darin einige Sekun-
den lang unter Rühren sautieren.
Wasser, Honig, Salz und Pfeffer
einrühren, das Wurzelgemüse gut
einmischen und zum Kochen brin-
gen. Bedeckt im gut vorgeheizten
Backofen bei 250° C ca. 10 Minu-
ten lang garen lassen, bis das Ge-
müse halb weich ist. Dann
unbedeckt weitergaren, bis die
Oberfläche karamelisiert. Vor dem
Servieren mit Limettensaft und
Minze besprenkeln.

Zucchini mit Tomaten

3 EL Olivenöl
500 g Zucchini, diagonal in
  ca. 2 ½ cm breite Scheiben
  geschnitten
1 Bund Frühlingszwiebeln, in breite
  Ringe geschnitten
2 Eiertomaten, enthäutet
  und fein gehackt
¼ TL Salz
1 Prise schwarzer Pfeffer

Öl in einem großen, flachen Topf
erhitzen und die Zucchini darin
einige Sekunden lang unter Rühren
sautieren, bis sie leicht gebräunt
sind. Dann die Frühlingszwiebeln
zugeben und kurz mit sautieren.
Tomaten, Salz und Pfeffer einrühren und ca. 10 – 15 Minuten lang
leicht bedeckt köcheln lassen, bis
die Zucchini gar sind.

Pikantes Mangoldgemüse

2 EL Olivenöl
1 kleine Zwiebel, in dünne
  Halbmonde geschnitten
½ – 1 frische grüne Chilischote
1 kleine Eiertomate, enthäutet
  und gehackt
1 rotschalige Kartoffel, in ca. 1 cm
  dicke Scheiben geschnitten
¼ Tasse Gemüsebrühe oder Wasser
2 Epazoteblätter
1 Prise Salz
500 g Mangold, in ca. 3 cm breite
  Streifen geschnitten

Öl in einem großen, flachen Topf
erhitzen; Zwiebel und Chilischote
darin einige Minuten lang sautieren, bis die Zwiebel leicht braun
ist. Die Tomate zugeben und
3 – 4 Minuten lang unter Rühren
mit sautieren. Kartoffel zugeben,
Gemüsebrühe bzw. Wasser angießen, die Epazoteblätter und das
Salz zugeben und bedeckt ca.
10 Minuten lang köcheln lassen,
bis die Kartoffel fast weich und die
Kochflüssigkeit etwas eingedickt ist.
Dann Mangold vorsichtig einmischen und bedeckt ca. 3 Minuten
lang köcheln lassen, bis das Gemüse weich ist.

❍ Falls die Stiele des Mangolds
sehr groß und dick sind, diese kurz
nach den Kartoffeln zugeben.

Würzige Beigabe

250 g reife, aber feste Eiertomaten,
  enthäutet
1 kleine Zwiebel
je 2 frische rote und grüne
  Chilischoten
½ Bund Korianderblätter
¼ TL Salz

Tomaten, Zwiebel, Chilischoten
und Koriander sehr fein hacken,
gut mischen und mit dem Salz
abschmecken. In einer Schale zu
jeder Mahlzeit servieren.

Zwiebelpickles

500 g rote Zwiebeln,
  in Halbmonde geschnitten
5 Knoblauchzehen
1 EL schwarze Pfefferkörner
½ EL Kreuzkümmel (Kumin)
1 Zweig Oregano
ca. 5 EL Salz
ca. 1 l Wasser

Die Zwiebeln mit den Gewürzen in
ein Glas schichten. Das Salz mit
dem Wasser erhitzen, gut auflösen
und heiß über die Zwiebeln gießen.
Mit einem Teller bedecken und
beschweren. Ca. 3 – 4 Tage bei
Zimmertemperatur fermentieren
lassen; dann im Kühlschrank aufbewahren.

Avocadopüree

1 große, reife Avocado
1 Limette oder Zitrone
1 kleine, reife, aber feste
* Eiertomate*
1 kleine Zwiebel
1 – 2 Knoblauchzehen
1 Prise Chilipulver
¼ TL Salz
1 Prise schwarzer Pfeffer
einige Blätter Eisbergsalat

Das Avocadofleisch mit einer Gabel
fein zerdrücken und sofort mit dem
Limettensaft vermischen. Die Tomate würfeln und die Zwiebel sehr
fein hacken, den Knoblauch fein
zerreiben oder durch die Knoblauchpresse geben. Alle Zutaten
vorsichtig, aber gut vermischen,
abschmecken und auf einem mit
den Salatblättern ausgelegten Teller
arrangieren.

Kaktusfeigendessert

1750 g Kaktusfeigen
1 Tasse Wasser
1 Tasse Honig
3 EL Limettensaft

Die Kaktusfeigen vorsichtig schälen,
grob hacken und mit dem Wasser,
dem Honig und dem Limettensaft
pürieren. Die Masse durch ein
feinmaschiges Sieb streichen und
gut gekühlt oder leicht gefroren
servieren.

Meine erste Begegnung mit der Küche des südlichen
Amerika hatte ich auf einer Fete während meiner
Studienzeit. Da die Mehrzahl der Gäste angehende
Ethnologinnen und Ethnologen waren, ging es bezüglich
der kulinarischen Mitbringsel recht multikulturell zu.
Einen besonderen Leckerbissen steuerte ein Student aus
Südamerika bei: Ameisen. Keine Panik, ich versichere
Ihnen, in diesem Buch werden Sie nur rein vegetarische
Zutaten finden!

Brasilien

Tomatenreis

2 EL Olivenöl
1 kleine Zwiebel, fein gehackt
2 Tassen ungeschälter
Langkornreis
2 reife, aber feste Eiertomaten,
enthäutet und klein gewürfelt
4 Tassen Wasser
¼ TL Salz

Öl in einem kleinen tiefen Topf
erhitzen und die Zwiebel darin
glasig sautieren. Den gut gewaschenen und abgetropften Reis zugeben
und unter Rühren einige Minuten
lang mit sautieren. Tomaten zugeben, Wasser angießen und zum
Kochen bringen; das Ganze salzen
und bedeckt ca. 45 Minuten lang
garen, bis die Reiskörner weich und
aufgeplatzt sind und die gesamte
Kochflüssigkeit absorbiert ist.

Schwarzer Bohnentopf

1 ½ Tassen getrocknete schwarze
Bohnenkerne
3 EL Maisöl
1 große Zwiebel, in Halbmonde
geschnitten
je 1 rote und grüne Paprikaschote,
diagonal in ca. 3 cm breite
Streifen geschnitten
1 große Eiertomate, enthäutet und
gewürfelt
4 Knoblauchzehen, fein gehackt
2 geräucherte, getrocknete
Chipotle-Paprika,
in kleine Stücke geschnitten
1 Tasse Süßkartoffeln, in ca.
1 ½ cm dicke Scheiben
geschnitten
4 Zweige Thymian
¼ TL Salz
2 EL Petersilie, fein gehackt

Bohnen nach dem Grundrezept
(Seite 10) in ca. 30 – 40 Minuten
im Dampfdrucktopf garen. Öl in
einem großen Topf erhitzen. Zwiebel, Paprikaschoten, Tomate und
Knoblauchzehen zugeben und ca.
10 Minuten lang sautieren. Bohnen, Chipotle-Paprika und Süßkartoffeln zugeben. Das Gemüse
bedeckt 10 – 15 Minuten lang
köcheln lassen, dann Thymian
zugeben und weitere 10 – 15 Minuten lang bedeckt köcheln lassen,
bis die Süßkartoffeln fast weich
sind. Mit dem Salz abschmecken,
einige Minuten lang leicht bedeckt
köcheln lassen und vor dem Servieren mit der Petersilie bestreuen.

Gebackene Süßkartoffeln

4 Süßkartoffeln
ca. 1 – 2 EL Olivenöl

Die Süßkartoffeln einölen und auf ein mit Backpapier ausgelegtes Backblech legen. Bei 175 – 200° C ca. 45 – 60 Minuten lang backen, bis die Süßkartoffeln weich sind und ihre Schale knusprig ist.

Weißkohlgemüse

3 EL Olivenöl
¼ Bund Petersilie (Stiele und
*   Blätter getrennt fein gehackt)*
1 große Zwiebel, fein gehackt
1 rote Paprikaschote, fein gehackt
1 frische rote Chilischote,
*   fein gehackt*
ca. ½ EL Weißweinessig oder
*   trockener Weißwein*
3 Eiertomaten, enthäutet und
*   fein gewürfelt*
1 kleiner Weißkohl,
*   fein geschnitten*
¼ TL Salz
¼ TL schwarzer Pfeffer

Öl in einem großen Topf erhitzen. Petersilienstiele zusammen mit Zwiebel, Paprika- und Chilischote darin ca. 10 – 15 Minuten lang sautieren, bis Zwiebel und Paprika glasig oder weich sind. Mit dem Essig bzw. Wein ablöschen. Tomaten einrühren, einige Minuten lang bedeckt köcheln lassen und anschließend unbedeckt zu einer sämigen Soße eindicken lassen. In der Zwischenzeit den Weißkohl ca. 5 Minuten lang in kochendem Wasser blanchieren, bis er bißfest weich ist, dann abschütten, gut abtropfen lassen und mit dem Salz und dem Pfeffer in die Soße einmischen. Weitere ca. 5 Minuten lang unbedeckt köcheln lassen. Vor dem Servieren die Petersilienblätter einmischen.

19

Papayagemüse

1 – 1 ½ kg grüne unreife Papayas
ca. 2 EL Olivenöl
einige Prisen schwarzer Pfeffer

Die Papayas schälen und in ca.
1 ½ cm dicke Scheiben schneiden.
In Salzwasser ca. 15 Minuten lang
vorsichtig köcheln lassen, bis sie
weich sind. Die gut abgetropften
Papayas mit Öl beträufeln und mit
Pfeffer bestreuen.

Pikanter Portulak

3 EL Olivenöl
2 Zwiebeln, in feine Halbmonde
geschnitten
1 frische grüne Chilischote, in
dünne Streifen geschnitten
1 kg Portulak, ersatzweise
Brunnenkresse oder Spinat
ca. 2 Prisen Salz

Öl in einer großen Pfanne erhitzen.
Zwiebeln und Chilischote darin
leicht glasig sautieren. Den gut
abgetropften Portulak zugeben und
unter Rühren 1 – 2 Minuten lang
sautieren, bis die Blätter bißfest
weich sind. Mit Salz abschmecken.

Kürbispickles

1 kleiner frischer Kürbis (nicht
zu wäßrige Sorte)
ca. 5 EL Salz
ca. 7 Tassen Wasser
je ½ frische rote und grüne
Chilischote, in Streifen
geschnitten
einige Pimentkörner, ganz
4 ½ Tassen Weißweinessig

Den Kürbis schälen, in ca. 1 cm
dicke Streifen schneiden und in ein
Glas füllen. Das Salz und 5 ½ Tassen Wasser zum Kochen bringen,
das Salz gut auflösen und die Sole
heiß über den Kürbis gießen, so daß
dieser bedeckt ist. Das Ganze ca.
24 Stunden lang an einem nicht zu
kühlen Ort bedeckt leicht fermentieren lassen, dann in ein Sieb abgießen. Chilischoten, Piment und
Essig mit ca. 1 ½ Tassen Wasser
mischen und über den in ein saube-
res Glas gefüllten Kürbis gießen, bis
dieser bedeckt ist. Eine weitere
Woche an einem nicht zu kühlen,
dunklen Ort bedeckt fermentieren
lassen, danach im Kühlschrank
aufbewahren.

Brunnenkresse-Tomaten-Salat

1 großes Bund Brunnenkresse
2 Tomaten
1 Zwiebel
1 Knoblauchzehe
¼ – ½ frische rote Chilischote
ca. ½ Zitrone
einige Prisen Salz
1 Prise schwarzer Pfeffer, grob
  gemahlen

Die Brunnenkresse von den sehr dicken Stielen pflücken, die Tomaten und die Zwiebel in Scheiben schneiden und diese halbieren. Das Gemüse auf einem großen Teller arrangieren. Knoblauchzehe und Chilischote fein hacken, dann im Mörser fein zerreiben, mit dem Zitronensaft mischen, eventuell etwas Wasser zugeben, und über den Salat gießen. Mit Salz und Pfeffer bestreuen und sofort servieren.

Würzige Feigen

5 Tassen Wasser
1 Tasse Honig
8 Wacholderbeeren
8 Pimentkörner, ganz
1 Zimtstange
8 frische Feigen

Wasser mit Honig und Gewürzen zum Kochen bringen. Die Feigen darin vorsichtig ca. 15 – 20 Minuten lang pochieren, dann aus dem Sud nehmen und auf einem Teller arrangieren. Den Sud weiterköcheln lassen, bis er andickt, und dann über die Feigen gießen. Heiß oder kalt servieren.

Argentinien

Quinoa

1 EL Olivenöl
1 Knoblauchzehe, fein gehackt
1 frische grüne Chilischote, fein
gehackt
1 Prise Kreuzkümmel (Kumin)
1 Prise schwarzer Pfeffer
4 Tassen Wasser
2 Tassen Quinoa
2 Prisen Salz

Öl in einem kleinen, tiefen Topf erhitzen. Knoblauch und Chilischoten zugeben und vorsichtig kurz sautieren; dabei nicht braun werden lassen. Kreuzkümmel, Pfeffer, Wasser und Quinoa zugeben, zum Kochen bringen, salzen und bedeckt ca. 20 – 30 Minuten lang leicht köcheln lassen, bis das Quinoa weich und alle Flüssigkeit absorbiert ist.

Weiß-schwarzer Bohnentopf

1 ½ Tassen getrocknete weiße
Bohnenkerne
1 ½ Tassen schwarze Oliven,
entsteint
2 cm Ingwerwurzel, fein gehackt
3 Knoblauchzehen, fein gehackt
3 EL Olivenöl
2 Chilischoten, getrocknet

Die Bohnen nach dem Grundrezept (siehe Seite 10) in ca. 30 – 45 Minuten im Dampfdrucktopf garen, dann ein Drittel der Bohnen zerstampfen. Die Oliven gut waschen und in kaltem Wasser einige Stunden lang einweichen, um den Salzgehalt zu reduzieren, gut abtropfen lassen und sehr fein hacken. Ingwer und Knoblauch im Mörser fein zerreiben. Öl in einer Pfanne erhitzen, das Knoblauch-Ingwerpüree und die Chilischoten darin vorsichtig einige Sekunden lang sautieren (nicht braun werden lassen). Die Oliven einmischen und unter ständigem Rühren kochen, bis die Masse trocken ist. Die zerstampften Bohnen einrühren und nach 3 Minuten Köcheln die ganzen Bohnen zugeben. Weitere 15 Minuten lang bedeckt vorsichtig köcheln lassen, bei Bedarf ein wenig Wasser zugeben.

Topinambur-Gemüse

500 g Topinambur
einige Salatblätter
¼ TL Salz
¼ Tasse Apfelcidre-Essig,
  ersatzweise Apfelessig
1 EL Honig
½ TL gelbe Senfsaat
¼ TL Dillsamen

Topinambur schälen, in dünne
Scheiben schneiden und diese ca.
1 Minute lang in kochendem Wasser blanchieren, bis sie bißfest
weich sind. Salatblätter auf einem
Teller arrangieren und Topinambur
darauf verteilen. Aus den restlichen
Zutaten ein Dressing mischen –
gegebenenfalls ein wenig Wasser
zugeben – und über das Gemüse
gießen. Falls die Dillsamen zu alt
und hart sind, diese einige Zeit lang
einweichen. Dieses Gericht kann
warm oder kalt serviert werden.

Kürbis-Mais-Gemüse

3 EL Olivenöl
2 Zwiebeln, grob gehackt
2 Knoblauchzehen, fein gehackt
2 große Eiertomaten, enthäutet
  und gewürfelt
1 kg Kürbis (nicht zu wäßrige
  Sorte)
1 ½ Tassen gekochte Maiskörner
2 EL frischer Oregano, grob
  gehackt
¼ TL Salz
¼ TL schwarzer Pfeffer

Öl in einem großen, flachen Topf
erhitzen und die Zwiebeln darin
glasig sautieren. Dann den fein
gehackten Knoblauch zugeben und
kurz mit sautieren. Tomaten zugeben und bedeckt ca. 5 Minuten
lang köcheln lassen. Kürbis schälen
und in ca. 2 ½ cm große Würfel
schneiden, zugeben, bei Bedarf ein
wenig Wasser zufügen und bedeckt
ca. 15 – 20 Minuten lang leicht
köcheln lassen, bis der Kürbis fast
weich ist. Dann Mais, Oregano,
Salz und Pfeffer zugeben und weitere ca. 5 Minuten lang köcheln
lassen.

Gebackene Palmherzen

*2 große frische Palmherzen
(ca. 750 g)
ca. 2 EL Olivenöl
je einige Prisen Salz und
gemahlenen schwarzen Pfeffer*

Palmherzen schälen, einölen, in
Alufolie einwickeln und in eine
feuerfeste Form legen. Im Backofen
bei 175 – 200° C ca. 1 – 1 ½ Stunden lang backen, bis sie gar sind.
Vor dem Servieren mit Salz und
Pfeffer bestreuen.

○ *Variante:* Nach Belieben die
gebackenen Palmherzen mit etwas
Honig besprenkeln.

Sautierte grüne Blätter

*6 EL Olivenöl
1 Zwiebel, fein gehackt
2 Knoblauchzehen, fein gehackt
750 g Mangold oder jeglichen
grünen Kohl, in ca. 1 cm breite
Streifen geschnitten
¼ TL Salz*

Öl in einer großen Pfanne erhitzen
und die Zwiebel darin glasig sautieren. Knoblauch zugeben und kurz
mit sautieren (nicht braun werden
lassen). Mangold zugeben und ca.
5 Minuten lang unter Rühren garen, bis er weich ist. Falls die Man-
goldstiele sehr groß und dick sind,
diese einige Minuten vor den Blättern zugeben. Mit Salz abschmek-
ken.

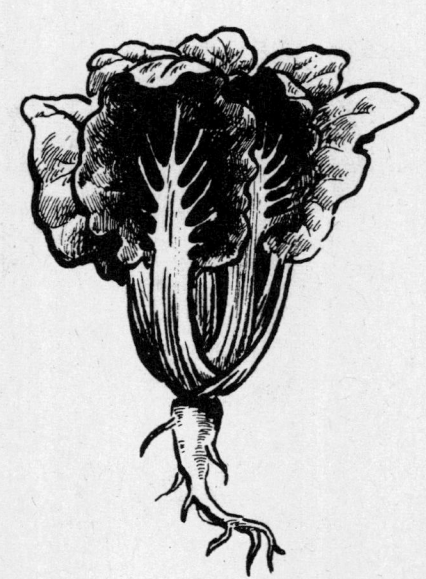

Salat mit Sternfrucht

½ Kopf Romanasalat
1 kleine grüne, unreife Mango,
  geschält und in ca. ½ cm große
  Würfel geschnitten
1 Sternfrucht, in dünne Scheiben
  geschnitten
1 cm Ingwerwurzel, fein gehackt
1 EL Korianderblätter, fein gehackt
1 EL Frühlingszwiebeln,
  fein gehackt
2 EL Olivenöl
2 EL Limettensaft
¼ TL Salz
1 Prise schwarzer Pfeffer

Die Salatblätter auf einem Teller
sternförmig auslegen. Mango und
Sternfrucht auf den Salatblättern
arrangieren. Ingwer, Koriander und
Frühlingszwiebeln mit den restlichen Zutaten mischen und fein
pürieren, eventuell etwas Wasser
zugeben. Dressing über den Salat
gießen.

Gegrillte Ananas

1 frische Ananas, geschält und in
  ca. 1 ½ cm dicke Scheiben
  geschnitten
½ Tasse Honig

Ananas mit Honig beträufeln und
ca. 20 Minuten lang vorsichtig
grillen, ohne den Honig zu ver-
brennen.

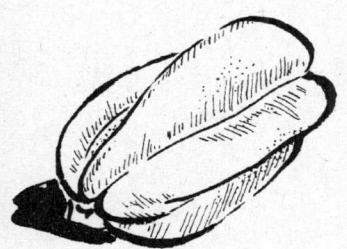

25

Europa

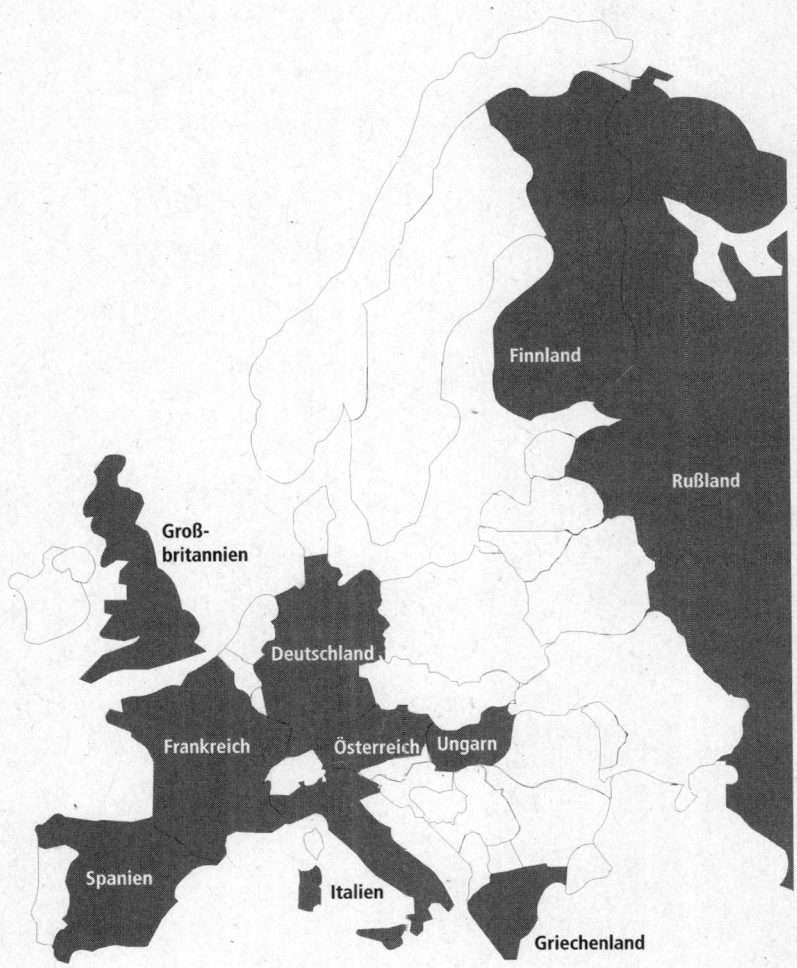

Finnland

Gerstenfladen

5 Tassen Gerstenvollkornmehl
¼ TL Salz
4 EL Sonnenblumenöl oder Butter
ca. 1 Tasse Wasser

Mehl und Salz verrühren, Öl bzw.
Butter einmischen und das Mehl
zwischen den Händen verreiben.
Dann das Wasser zufügen und
rasch zu einem festen geschmeidigen Teig vermengen. Den Teig in
4 je ½ – 1 cm dicke Fladen von ca.
20 cm Durchmesser ausrollen. Die
Fladen auf ein gefettetes Backblech
legen, mit einer Gabel mehrmals
einstechen und bei 250° C ca.
15 – 20 Minuten lang backen. Vor
dem Servieren die heißen Fladen
mit Öl bzw. zerlassener Butter
bestreichen.

Gelbes Erbsenpüree

2 Tassen getrocknete gelbe
*   Splittererbsen*
ca. 3 cm Ingwerwurzel
¼ TL Salz
1 Prise schwarzer Pfeffer

Die Splittererbsen nach dem
Grundrezept (siehe Seite 10) in
ca. 1 ½ Stunden im Dampfdrucktopf garen und abgießen (Kochwasser auffangen). Ingwer schälen,
reiben, den Saft ausdrücken und zu
den Erbsen geben. Mit Salz und
Pfeffer abschmecken. Die Erbsen
pürieren und bei Bedarf eventuell
etwas von dem Kochwasser zufügen.

An einem sonnigen Sommernachmittag in Finnland fanden
wir auf einer Wiese am Waldrand, wo wir unser Zelt
aufgebaut hatten, schöne, reife wilde Beeren in solch großen
Mengen, daß wir geradezu in einen Pflückrausch fielen.
Da die Ausbeute selbst für uns Schleckermäulchen zu groß
war, beschlossen wir, die Früchte sofort an Ort und
Stelle einzukochen. Erst später erzählte uns ein
Wildparkhüter, wie leichtsinnig wir gewesen waren,
denn der Duft der am Waldrand kochenden wilden
Beeren hätte leicht wilde Bären anlocken können...

Gebackene Steckrübe

2 Steckrüben, geschält und in ca.
* 2 cm große Würfel geschnitten*
2 EL Weizenvollkornmehl
¼ TL Salz
1 Prise schwarzer Pfeffer
2 EL Sonnenblumenöl oder Butter

Steckrüben mit kaltem Wasser
aufsetzen und ca. 10 – 15 Minuten
lang kochen, bis sie bißfest weich
sind. Dann die Rübenwürfel abschütten und leicht stampfen; mit
Mehl, Salz und Pfeffer gut vermischen und in eine feuerfeste, gefettete Form füllen. Bei 175 – 200° C
ca. 45 Minuten lang backen. Dann
ca. 1 EL Öl oder einige Butterflöck-
chen auf die Rübenmasse geben
und weitere 15 Minuten lang bak-
ken.

Fruchtiger Rotkohl

2 EL Sonnenblumenöl
1 Tasse getrocknete Kirschen
¼ Tasse Apfelessig
¼ Tasse Apfelsaft
½ Tasse Wasser
¼ Tasse roter Johannisbeergelee
¼ TL Salz
1 Prise schwarzer Pfeffer
1 kg Rotkohl, in nicht zu breite
* Streifen geschnitten*

Öl in einem großen, feuerfesten
Topf erhitzen und die Kirschen
darin vorsichtig anbraten. Mit Apfelessig und Apfelsaft ablöschen, ca.
½ Tasse Wasser zugeben, Johannisbeergelee einrühren und das Ganze
aufkochen lassen. Salz, Pfeffer und
Rotkohl zufügen. Bedeckt im vorgeheizten Backofen bei 175 – 200° C
ca. 60 Minuten lang backen.
Zwischendurch umrühren und die
Kochflüssigkeitsmenge kontrollieren.

Pilzpfanne

3 EL Sonnenblumenöl oder Butter
2 kleine Zwiebeln, in halbierte
Halbmonde geschnitten
1 kg frische Pfifferlinge oder
Morcheln
¼ TL Salz
1 Prise schwarzer Pfeffer
1 Bund Petersilie, gehackt

Öl in einer Pfanne erhitzen und die
Zwiebeln darin glasig sautieren.
Pilze zugeben und unter Rühren
gut knusprig braten. Mit Salz und
Pfeffer abschmecken. Vor dem
Servieren mit Petersilie bestreuen.

Grünkohlgemüse

500 g Grünkohl
2 EL Sonnenblumenöl oder Butter
¼ TL Salz
1 Prise schwarzer Pfeffer

Grünkohl in kochendem Wasser ca.
1 – 3 Minuten lang bißfest blanchieren, dann abschütten, gut abtropfen lassen und in ca. 1 cm
breite Streifen schneiden. Öl bzw.
Butter in einem Topf leicht erhitzen, Salz und Pfeffer zugeben und
den Grünkohl gut einmischen.

Süß-saure Gurken

500 g dicke Einlegegurken,
geschält und in ca. 1 cm dicke
Scheiben geschnitten
1 Zwiebel, in Ringe geschnitten
2 EL Meerrettichwurzel, in ca.
1 cm große Würfel geschnitten
1 EL Koriandersamen
2 EL gelbe Senfsaat
15 Dillblüten
10 schwarze Johannisbeerblätter
1 ¼ Tassen Apfelessig
1 ½ EL Salz
3 EL Honig

Gurken, Zwiebel und Gewürze in
ein Glas schichten. Essig mit Salz
und Honig gut mischen, bis Salz
und Honig aufgelöst sind; über die
Gurken gießen, bis diese bedeckt
sind, nach Bedarf mit Wasser bis
1 cm vom Glasrand aufgießen. Das
Glas gut verschließen und an einem
dunklen Ort ca. 4 – 6 Wochen lang
fermentieren lassen.

Gurken-Dill-Salat

1 EL Apfelessig
¼ TL Salz
1 Prise schwarzer Pfeffer
1 Salatgurke, in dünne Scheiben
  geschnitten
1 Bund Dill, fein gehackt

Aus Essig, Salz und Pfeffer ein
Dressing rühren; mit Gurke und
Dill vermischen.

Beerenpudding

200 g Himbeeren
100 g rote Johannisbeeren
100 g Erdbeeren
3 Tassen Wasser
¾ Tasse Weizenvollkorngrieß

Beeren mit Wasser pürieren und
vorsichtig und langsam zum Kochen bringen. Grieß einrühren und
unter ständigem Rühren vorsichtig
10 Minuten lang köcheln lassen.
Etwas abkühlen lassen und in
der Küchenmaschine bei hoher
Geschwindigkeit ca. 10 Minuten
lang mixen. Gekühlt servieren.

Rußland

Gerösteter Buchweizen

2 Tassen Buchweizen
2 Prisen Salz
1 EL Sonnenblumenöl oder Butter

Den nassen, gut abgetropften
Buchweizen in einer ungefetteten,
heißen Pfanne unter Rühren ca.
5 – 10 Minuten lang rösten, bis er
duftet und etwas Farbe annimmt.
Buchweizen, Salz und 4 Tassen
kochendes Wasser in eine gefettete,
feuerfeste Form füllen und bedeckt
im vorgeheizten Backofen bei
175° C ca. 45 Minuten lang garen
lassen. Ab und zu die Wassermenge
kontrollieren. Am Ende der Garzeit
sollte die gesamte Flüssigkeit absorbiert sein.

○ *Variante:* Nach Belieben getrocknete Pilze einweichen und von
Anfang an mitgaren.

Linsenpüree

1 ½ Tassen braune Linsen
1 kleine Zwiebel
1 kleine Karotte
1 kleine Lauchstange
2 – 3 EL Sonnenblumenöl
    oder Butter
¼ TL Salz

Linsen nach dem Grundrezept
(siehe Seite 10) blanchieren. In
einem normalen Topf mit 3 Tassen
Wasser zusammen mit dem Gemüse ca. 1 – 1 ½ Stunden lang garen,
bis die Linsen weich sind und alle
Flüssigkeit absorbiert ist. Zwischendurch die Wassermenge kontrollieren. Das Ganze pürieren, Öl bzw.
Butter einrühren und mit Salz abschmecken.

Rotes Karottengemüse

3 EL Olivenöl
2 Zwiebeln, grob gehackt
500 g Karotten, in ca. 5 mm dicke
  Stäbchen geschnitten
1 EL Kreuzkümmel (Kumin)
½ TL süßes Paprikapulver
¼ TL scharfes Paprikapulver
¼ TL Salz
3 Knoblauchzehen, fein gehackt
6 Tomaten, enthäutet und durch
  ein Sieb gestrichen

Öl in einem großen Topf erhitzen;
Zwiebeln darin unter Rühren leicht
sautieren, bis sie eine goldene Farbe
annehmen. Karotten zugeben und
ca. 5 Minuten lang mit sautieren.
Kreuzkümmel, Paprikapulver und
Salz darüberstreuen, Knoblauch
zugeben. Tomaten gut einmischen
und bedeckt unter gelegentlichem
Rühren in ca. 5 – 15 Minuten
weich garen.

Saures Kraut

1 Tasse getrocknete Pilze
4 EL Sonnenblumenöl
4 große Zwiebeln, in Halbmonde
  geschnitten
1 kleines Weißkraut,
  klein geschnitten
1 EL Kümmelsamen
1 Prise schwarzer Pfeffer, grob
  gemahlen
500 g Sauerkraut

Die Pilze ½ – 1 Stunde lang in
warmem Wasser einweichen. Öl in
einem großen Topf erhitzen und die
Zwiebeln darin glasig sautieren.
Pilze ausdrücken und in Scheiben
schneiden, zugeben und kurz mit
sautieren. Weißkraut zugeben, nach
einigen Minuten Kümmel, Pfeffer
und Sauerkraut unterrühren, mit
etwas Pilzeinweichwasser angießen
und bedeckt in ca. 40 – 50 Minuten garen.

Brennessel-Sauerampfer-Gemüse

2 EL ungeschälter Reis
1 Lorbeerblatt
1 Zwiebel, gehackt
einige schwarze Pfefferkörner
ca. 3 Tassen Gemüsebrühe oder
  Wasser
1 Kartoffel, gewürfelt
2 EL Sonnenblumenöl
1 Karotte, klein gewürfelt
250 g Brennesseln
¼ TL Salz
250 g Sauerampfer
2 EL Petersilie, fein gehackt

Reis mit Lorbeerblatt, Zwiebel und Pfefferkörnern 30 Minuten lang in Gemüsebrühe bzw. Wasser garen. Kartoffel zugeben und weitere 20 Minuten garen, bis die Kartoffel weich ist. In der Zwischenzeit in der Hälfte des Öls die Karotte einige Minuten lang sautieren, bis sie bißfest weich ist. Brennesseln im restlichen Öl ca. 5 – 10 Minuten lang sautieren, dann pürieren. Salz, Karotten und Sauerampfer in die Reis-Kartoffel-Brühe geben und einige Minuten lang köcheln lassen. Brennesseln zugeben und vom Feuer nehmen. Vor dem Servieren mit Petersilie bestreuen.

○ *Variante:* Je 1 EL saure Sahne und ¼ gehacktes hartgekochtes Ei auf einem Teller verteilen und das Gemüse darauf servieren.

Rote Bete-Beigabe

1 große rote Bete
1 Zitrone
½ EL Honig
2 Prisen Salz
2 EL Sonnenblumenöl

Die rote Bete schälen, klein schneiden und pürieren. Mit dem Saft und der geriebenen Schale der Zitrone, Honig, Salz und Öl mischen. 5 – 10 Minuten lang unter ständigem Rühren in einer heißen Pfanne sautieren.

○ *Variante:* Gekochte rote Bete verwenden.

Eingelegte Steinpilze

500 g Steinpilze
ca. 2 EL Salz
1 Bund Dill
3 Lorbeerblätter
1 EL schwarze Pfefferkörner
3 Nelken
ca. 1 Tasse heißes Wasser

Die gut gesäuberten Pilze mit dem
Stiel nach oben in ein Glas schichten, dabei auf jede Schicht Salz und
Gewürze sprenkeln; heißes Wasser
darübergießen. Glas verschließen
und schütteln, um das Salz aufzulö-
sen. Dann einen Teller und ein
Gewicht auf die Pilze legen, das
Glas fest verschließen und an einem
kühlen, dunklen Ort ca. 1 Monat
lang fermentieren lassen.

Süß-saurer Rettichsalat

1 großer Rettich
2 EL Zitronensaft
½ TL Honig
3 EL Olivenöl
einige Prisen Salz

Rettich reiben. Aus den übrigen
Zutaten ein Dressing mischen und
gut in den Rettich einrühren. Vor
dem Servieren kurz durchziehen
lassen.

Weizen-Mandel-Dessert

225 g Weizen
180 g Mandeln
30 g Mohn, gemahlen
3 EL Honig
¼ TL Salz

Weizen über Nacht einweichen.
Am nächsten Tag 120 g Mandeln
mit 3 Tassen Wasser zum Kochen
bringen, von der Kochstelle nehmen und auf Zimmertemperatur
abkühlen lassen. Den abgeschütteten Weizen mit dem Mandelkoch-
wasser aufsetzen, salzen und in ca.
2 Stunden garen. Die restlichen
Mandeln rösten und hacken. Mohn
und Honig zu dem Weizen geben,
gut mischen und mit den Mandeln
bestreuen. Mit Kompott aus getrockneten Früchten (siehe
Seite 36) servieren.

Getrocknete Früchte (Kompott)

*je 175 g getrocknete Birnen,
    Apfelringe, Pflaumen, Pfirsiche
    und Aprikosen
1 ½ l kochendes Wasser
650 g Honig
4 Pimentkörner, ganz
2 Zimtstangen
1 kleine Zitrone, in Scheiben
    geschnitten
evtl. 6 EL Weinbrand*

Trockenfrüchte gut waschen. Wasser und Honig mischen. Alle Gewürze, die Zitrone, Birnen und Äpfel zugeben und ca. 10 Minuten lang bedeckt köcheln lassen. Pflaumen und Pfirsiche zugeben und weitere 10 Minuten lang köcheln lassen. Dann Aprikosen hinzufügen und nochmals ca. 15 Minuten lang köcheln lassen, bis die Früchte weich, aber nicht zerkocht sind. Zimt und Piment entfernen. Nach Belieben Weinbrand vorsichtig einmischen und bedeckt abkühlen lassen, bis das Kompott lauwarm oder kalt ist.

Großbritannien

Gerstentopf

2 Tassen Gerste
3 EL Sonnenblumenöl
1 große Zwiebel, geviertelt
1 große Karotte, in ca. 4 cm große
  Stücke geschnitten
1 Selleriestange, in ca. 4 cm große
  Stücke geschnitten
¼ TL Salz

Gerste mit Wasser bedecken und
über Nacht einweichen lassen. Öl
in einen Tontopf (Römertopf) oder
schweren Eisentopf geben. Zwiebel,
Karotte und Selleriestange zufügen
und im vorgeheizten Backofen
unter gelegentlichem Rühren in ca.
10 – 15 Minuten braun rösten.
Gerste zufügen und einige Minuten
lang mit rösten. Einweichwasser,
Salz und ca. 4 Tassen Wasser zugeben und bei 175 – 200° C ca.
1 ½ Stunden lang garen, bis die
Gerste weich und aufgeplatzt und
alle Kochflüssigkeit absorbiert ist.
Zwischendurch die Wassermenge
kontrollieren.

○ Variante: Gerste durch Hafer
ersetzen und über Nacht auf niedriger Flamme auf dem Herd garen.
Wassermenge entsprechend erhöhen!

Grüner Erbsenbrei

2 Tassen getrocknete grüne Erbsen
3 Lorbeerblätter
1 große Zwiebel, geachtelt
1 Stange Lauch, in große Stücke
  geschnitten
1 Karotte, in große Stücke
  geschnitten
¼ TL Salz
1 Prise schwarzer Pfeffer

Erbsen nach dem Grundrezept
(siehe Seite 10) blanchieren. Im
Dampfdrucktopf mit Wasser gerade
bedecken und mit Lorbeerblättern,
Zwiebel, Lauch und Karotte ca.
1 ½ Stunden lang garen, bis die
Erbsen sehr weich sind. Kochwasser abschütten (aber auffangen),
Lorbeerblätter entfernen und die
Masse pürieren; dabei eventuell
etwas Kochflüssigkeit zufügen, so
daß ein dicker Brei entsteht. Mit
Salz und Pfeffer abschmecken.

Gebackene Pastinaken

4 große Pastinaken
1 EL Sonnenblumenöl
einige Prisen Salz
2 Zwiebeln, längs geachtelt
einige Prisen Thymian, getrocknet

Die ganzen Pastinaken ca. 5 Minuten lang blanchieren, bis sie halb weich sind, dann gut einölen, salzen und auf ein Backblech setzen oder in eine feuerfeste Form legen. Im vorgeheizten Herd bei 200 – 220° C ca. 45 – 60 Minuten lang backen. Zwischendurch mehrmals umdrehen. Zwiebeln nach ca. 30 Minuten zugeben. Etwa 10 Minuten vor Ende der Garzeit Thymian aufstreuen.

Steckrüben mit gerösteten Zwiebeln

6 Zwiebeln, in Halbmonde
*   geschnitten*
5 EL Sonnenblumenöl
2 Steckrüben, geschält und in ca.
*   3 cm große Würfel geschnitten*
¼ TL Salz
1 Prise schwarzer Pfeffer

Zwiebeln in einer großen Pfanne in Öl langsam und vorsichtig ca. 45 – 60 Minuten lang goldbraun rösten, bis sie karamelisieren. Steckrüben in kaltem Wasser aufsetzen, zum Kochen bringen, in ca. 10 – 20 Minuten weich garen, abschütten und leicht zerstampfen. Die Zwiebeln untermischen und mit Salz und Pfeffer abschmecken.

Rosenkohltopf

*750 g Rosenkohlblätterkronen,
    ersatzweise Rosenkohlröschen
2 EL Sonnenblumenöl
einige Prisen Muskatnuß
¼ TL Salz
1 Prise schwarzer Pfeffer*

Nach der Rosenkohlröschenernte
werden in Großbritannien die Spitzen der Pflanze, die wie kleine
lockere Kohlköpfchen aussehen,
verwendet. Die in einzelne Blätter
zerteilten Rosenkohlblätterkronen
in kochendem Salzwasser in ca.
1 – 5 Minuten weich garen.
Öl in einem Topf leicht erhitzen,
die Gewürze zugeben, gut vermischen und dann die klein geschnittenen Blätter einrühren.

Meeresgemüse

*4 Tassen getrocknete Dulse-Algen
3 EL Sonnenblumenöl
¼ TL Salz
1 Prise schwarzer Pfeffer*

Dulse ca. 30 Minuten lang einweichen, gut abspülen und abtrocknen.
Öl in einer Pfanne erhitzen und die
Dulse darin vorsichtig unter Rühren
knusprig braten. Mit Salz und Pfeffer abschmecken. Traditionell werden Dulse zu Kartoffelbrei serviert;
nach Belieben können sie auch in
den Brei eingemischt werden.

○ *Variante:* Dulse in Wasser kochen, bis sie geleeartig weich sind;
falls gewünscht pürieren.

In einem chinesischen Restaurant in England
bestellte ich einmal erwartungsvoll »knusprige
Seealgen«, die ich auf der Speisekarte entdeckt
hatte. Als mir dann feingeschnittener fritierter Kohl
serviert wurde, war die Enttäuschung groß: In
jüngster Zeit werden in England eben keine
Seealgen mehr gegessen.

Nesselpfanne

3 EL Sonnenblumenöl
¼ TL Salz
1 Prise schwarzer Pfeffer
500 g Brennesselblätter

Öl in einer Pfanne leicht erhitzen.
Salz und Pfeffer einrühren und die
nassen Brennesselblätter einmischen. Bedeckt ca. 1 – 2 Minuten
lang schmoren lassen, bis die Blätter bißfest weich sind.

○ *Variante:* Brennesselblätter in
wenig Wasser weich kochen, pürieren und mit Öl oder Butter, Salz
und Pfeffer abschmecken.

Saure Zwiebeln

1 kg kleine Zwiebeln
ca. 2 l Wasser
ca. 5 EL Salz
1 Tasse Malzessig
½ Zimtstange
12 schwarze Pfefferkörner
1 TL Muskatblüte, ganz
1 TL Pimentkörner, ganz
2 Lorbeerblätter

Die geschälten Zwiebeln in ein Glas
geben. 1 l Wasser mit Salz aufkochen, dieses gut auflösen und die
Sole heiß über die Zwiebeln gießen.
Das Ganze 12 Stunden lang fermentieren lassen. Salzwasser abschütten. Essig mit dem restlichen
Wasser auf einen Liter auffüllen,
mit den Gewürzen über die Zwiebeln geben und ca. 3 Monate lang
an einem dunklen kühlen Ort gut
verschlossen fermentieren lassen.
Danach im Kühlschrank aufbewahren.

Wildsalat

¼ TL Salz
1 EL Apfelcidre-Essig
einige Prisen Pfeffer
2 EL Walnußöl
einige Frühlingszwiebeln,
* in Ringe geschnitten*
einige junge Löwenzahnblätter,
* in ca. 1 cm breite Stücke*
* geschnitten*
1 Bund Brunnenkresse

Salz gut im Essig auflösen, Pfeffer
und Öl einmischen. Brunnenkresse
von den sehr dicken Stengeln pflük-
ken und mit Frühlingszwiebeln und
Löwenzahnblättern mischen. Alle
Zutaten vermengen.

Knusprige Früchte

4 EL Walnuß- oder Haselnußöl oder
* Butter*
4 festkochende Äpfel, achteln und
* Kerngehäuse entfernen*
5 EL Honig oder Gerstenmalz
2 Prisen Salz
8 Stangen Rhabarber
1 Prise Zimt
½ Tasse Semmelbrösel
1 Tasse Weizenvollkornmehl
1 ½ Tassen einfache Kekse,
* ersatzweise leicht geröstete*
* feine Haferflocken*
½ Tasse Walnüsse oder Haselnüsse

Eine Pfanne gut heiß erhitzen, vom
Feuer nehmen und etwas abkühlen
lassen. 2 EL Öl in die Pfanne geben
und wieder auf die Feuerstelle
setzen. Äpfel in das heiße Öl geben
und unter Rühren bei sehr hoher
Temperatur ca. 30 Sekunden lang
sautieren, bis die Äpfel zu bräunen
beginnen. 2 EL Honig bzw. Malz
und eine kleine Prise Salz einmischen und schnell bei sehr hoher
Temperatur weiter sautieren, bis die
Äpfel goldbraun sind und der Honig
bzw. das Malz zu karamelisieren
beginnt. Sofort in eine feuerfeste
Form füllen. In derselben Pfanne
(ohne sie auszuwaschen) auf die
gleiche Weise den Rhabarber karamelisieren; Salz, Honig bzw. Malz
und Zimt zugeben. Rhabarber zu
den Äpfeln geben und die Früchte
leicht und vorsichtig mischen. Falls

die Masse zu naß ist, ein paar Semmelbrösel einmischen.

Mehl mit 1 Prise Salz gut mischen, 2 EL Öl und 1 EL Honig oder Malz einmischen; dabei die Masse zwischen den Händen verreiben. Semmelbrösel leicht untermischen, so daß eine krümelige trockene, streubare Masse entsteht. Kekse in der Hand zerbröseln, so daß Krümel und einige Millimeter große Bröckchen entstehen. Zunächst die fein gehackten Nüsse, dann die Keks-krümel kurz und leicht untermischen, indem man die Masse durch die Finger rieseln läßt (nicht quetschen!). Es soll eine lockere Mischung entstehen, die sich aus feinen und gröberen Bestandteilen zusammensetzt. Krümelmasse über den Früchten verteilen und sofort im gut vorgeheizten Backofen bei 200 – 225° C ca. 10 Minuten lang backen. Dann auf 150 – 175° C herunterschalten und weitere 20 – 30 Minuten lang backen, bis die Krümelmasse goldbraun ist. Falls sie zu früh zu braun wird, 2 Blatt Butterbrotpapier oder Alufolie lose darüber legen. Nach Belieben mit flüssiger süßer Sahne servieren.

○ *Variante:* Es können auch nur Äpfel oder Birnen oder auch Trokkenfrüchte verwendet werden.

Deutschland

Grünkern

2 Tassen Grünkern
ca. 4 Tassen Wasser
2 Prisen Salz

Den nassen Grünkern in einer
ungefetteten, heißen Pfanne unter
ständigem Rühren bei mittlerer
Hitze rösten, bis die Körner duften
und beginnen aufzuplatzen. Dann
mit dem Wasser aufsetzen und zum
Kochen bringen, salzen und bedeckt in ca. 50 – 60 Minuten garen, bis der Grünkern gut weich
und alle Kochflüssigkeit absorbiert
ist.

Linseneintopf

1 ½ Tassen braun-grüne Linsen
3 EL Sonnenblumenöl
2 Zwiebeln, grob gewürfelt
1 Prise schwarzer Pfeffer, grob
  gemahlen
1 – 2 EL Apfelessig
ca. 2 Tassen Gemüsebrühe oder
  Wasser
3 Lorbeerblätter
1 Tasse Karotten, in ca. 1 ½ cm
  große Würfel geschnitten
1 Tasse Sellerieknolle, in ca.
  1 ½ cm große Würfel geschnitten

1 Stange Lauch, in Ringe
  geschnitten
1 TL Majoran, getrocknet
¼ TL Salz
4 EL Petersilie, gehackt

Linsen nach dem Grundrezept
(siehe Seite 10) blanchieren. Öl in
einem Dampfdrucktopf erhitzen;
Zwiebeln darin glasig sautieren,
Pfeffer zugeben und unter gelegentlichem Rühren weitersautieren, bis
die Zwiebeln etwas Farbe bekom-
men. Dann die Linsen zugeben und
unter Rühren einige Minuten lang
mit sautieren. Mit dem Essig ablöschen und mit Gemüsebrühe bzw.
Wasser auffüllen, so daß die Linsen
gut bedeckt sind. Lorbeerblätter
zugeben und unter Druck mindestens 1 Stunde lang garen lassen.
Dann ohne Druck unter gelegentlichem Rühren eine weitere Stunde
lang köcheln lassen, bis die Masse
sämig wird. Zwischendurch die
Kochflüssigkeitsmenge kontrollieren. Karotten, Sellerie und Lauch
zugeben. Einige Minuten vor Ende
der Garzeit des Gemüses Majoran
und Salz zugeben. Vor dem Servieren mit Petersilie bestreuen.

Weiße Rübchen

3 EL Sonnenblumenöl
500 g Teltower Rübchen
  (Mairübchen, Navets) geschält
  und in ca. 1 cm dicke Stäbchen
  geschnitten
¼ TL Salz
1 Prise schwarzer Pfeffer
4 EL Petersilie, gehackt

Öl in einer Pfanne leicht erhitzen.
Rübchen und Salz in die Pfanne
geben, gut umrühren und bedeckt
ca. 20 Minuten lang schmoren
lassen, bis die Rübchen bißfest
gegart sind. Mit Pfeffer abschmek-
ken und nach Belieben mit Petersilie bestreuen.

Apfelrotkohl

4 EL Sonnenblumenöl
5 Zwiebeln, in Halbmonde
  geschnitten
1 TL schwarze Pfefferkörner
2 EL Apfelessig
3 Lorbeerblätter
3 Nelken
¼ TL Salz
2 Boskoopäpfel, gerieben
1 mittelgroßer Rotkohl, in knapp
  1 cm breite Streifen geschnitten

Öl in einem großen Topf erhitzen;
Zwiebeln bei geringer Hitze langsam unter gelegentlichem Rühren
ca. 1 Stunde lang sautieren, bis sie
karamelisieren. In den letzten
20 Minuten Pfefferkörner dazugeben. Mit Essig ablöschen und ca.
2 Liter Wasser angießen. Lorbeerblätter, Nelken, Salz und Äpfel
zugeben und zum Kochen bringen.
Rotkohl zugeben und leicht bedeckt
unter gelegentlichem Rühren mindestens 1 Stunde lang köcheln
lassen, bis nur noch wenig Kochflüssigkeit übrig und der Kohl weich
ist.

Grüne Bohnen

750 g grüne Bohnen
einige Stengel Bohnenkraut
2 EL Sonnenblumenöl
1 Zwiebel, fein gehackt
2 EL Weizenvollkornmehl
4 EL Petersilie, fein gehackt
1 Tasse Gemüsebrühe oder Wasser
1 Prise schwarzer Pfeffer
⅛ TL Muskatnuß, gemahlen

Bohnen in die Hälfte brechen, in Salzwasser zusammen mit dem Bohnenkraut weich kochen und abgießen. Öl in einem Topf erhitzen, Zwiebel darin glasig sautieren, Mehl einstreuen und unter ständigem Rühren gelb rösten. Petersilie zugeben und mit Gemüsebrühe bzw. Wasser ablöschen. Pfeffer, Muskat und Bohnen zugeben und kurz köcheln lassen, bis das Gericht leicht angedickt ist.

Spargelsalat

750 g weißer Spargel, geschält und
in ca. 5 cm lange Stücke
geschnitten
2 EL Sonnenblumenöl
1 EL Apfelessig
¼ TL Salz
1 Prise schwarzer Pfeffer

Spargel in Salzwasser vorsichtig in ca. 15 – 25 Minuten weich garen (die Spitzen etwas später zugeben)

und das Wasser abschütten. Aus den restlichen Zutaten ein Dressing mischen und vorsichtig unter den abgekühlten Spargel rühren. Vor dem Servieren einige Zeit ziehen lassen.

Gemischtes grünes Gemüse

2 EL Sonnenblumenöl
1 Zwiebel, fein gehackt
100 g Spinat
100 g Brennesseln
50 g Löwenzahn
50 g Wegerich
50 g Knoblauchrauke
50 g Beinwell
30 g Bärlauch
30 g Kresse
¼ TL Salz
1 Prise weißer Pfeffer

Öl in einem Topf erhitzen, Zwiebel und die nach Belieben grob oder fein gehackten Blätter zugeben und bedeckt in wenigen Minuten gar dünsten. Mit Salz und Pfeffer abschmecken.

○ *Variante:* Nach Belieben Sahne einrühren.

Eingelegte Karotten

ca. 1 l Wasser
ca. 6 EL Salz
500 g Karotten, in streichholzfeine
Stäbchen geschnitten

Wasser mit Salz aufkochen, so daß
sich das Salz auflöst, dann abkühlen
lassen und über die Karotten
gießen, bis diese bedeckt sind. Ca.
2 – 3 Tage lang unbedeckt stehen
lassen, bis die Karotten fermentiert
sind. Dann im Kühlschrank aufbewahren. Vor dem Servieren eventuell mit frischem Wasser abwaschen.

○ *Variante:* Es können auch andere
Gemüsesorten verwendet werden,
z. B. andere Wurzeln, Kohl oder
Gurken.

Kräutersalat

1 großer Kopfsalat, zerpflückt
je 1 EL Schnittlauch, Borretsch,
Zitronenmelisse, Dill und
Sauerampfer, fein gehackt
1 kleine Zwiebel, sehr fein gehackt
1 TL Senf
2 EL Distel- oder Sonnenblumenöl
1 EL Apfelessig
¼ TL Salz
⅛ TL schwarzer Pfeffer

Salat mit Kräutern und Zwiebel
mischen. Aus den übrigen Zutaten
ein Dressing rühren und gut in den
Salat einmischen.

Fruchtschnittchen

1 ½ kg Quitten
ca. 1 ½ Tassen Wasser
1 kg Honig
1 EL Sonnenblumenöl

Quitten in Wasser kochen, bis sie
zerfallen. Dann durch ein Sieb
streichen und mit Honig unter
Rühren zu Mus kochen, bis sich die
Masse vom Topfrand löst. Eine
flache, feuerfeste Form mit Öl aus-
streichen, die Masse einfüllen,
glattstreichen und abkühlen lassen.
In beliebige Formen schneiden. In
einem luftdichten Behälter an einem kühlen Ort aufbewahrt, sind
die Schnittchen mehrere Wochen
lang haltbar.

○ *Variante:* Für dieses Rezept können auch z. B. Schlehen oder Pflaumen verwendet werden.

Frankreich

Roter Reis

1 Tasse roter Camargue-Reis
1 Tasse ungeschälter Langkornreis
4 Tassen Wasser
2 Prisen Salz

Reis mit Wasser aufsetzen, zum
Kochen bringen, salzen und ca.
45 – 50 Minuten lang köcheln
lassen, bis die Reiskörner weich
und aufgeplatzt sind und alle Kochflüssigkeit absorbiert ist.

Warmer Linsensalat

2 Tassen französische Berglinsen
1 Frühlingszwiebel
1 »bouquet garni«
    (einige Petersilienstiele,
    einige Thymianzweige und einige
    Lorbeerblätter zwischen zwei
    10 – 15 cm lange Selleriestangen
    gebunden)
1 Knoblauchzehe
ca. 2 EL Zitronensaft
2 EL Walnußöl
1 EL glatte Petersilie
einige Prisen Salbei
¼ TL Salz
1 Prise schwarzer Pfeffer

Linsen nach dem Grundrezept
(siehe Seite 10) in einem normalen
Topf mit der Frühlingszwiebel
und dem »bouquet garni« in ca.
50 – 60 Minuten weich garen.
Zwiebel und Kräuter entfernen. Aus
den restlichen Zutaten ein Dressing
rühren, dieses über die – falls nötig
abgeschütteten – heißen Linsen
geben und gut einmischen. Warm
servieren.

Südfranzösischer Gemüsetopf

*1 Tasse frische weiße Bohnenkerne
(Flageolet oder Haricot)*
2 EL Olivenöl
½ TL Salz
4 Knoblauchzehen, klein gehackt
2 Tassen grüne Bohnen
*2 Stangen Lauch, in ca. 1 cm
breite Ringe geschnitten*
*4 Karotten, in ca. 1 cm große
Würfel geschnitten*
*4 kleine Zucchini, in ca. 2 cm
große Würfel geschnitten*
*1 Bund Basilikum,
klein geschnitten*

Bohnenkerne ca. 10 – 15 Minuten lang kochen, bis sie halb gar sind. In einem großen Topf Öl, etwas Wasser, Salz, Knoblauchzehen, grüne Bohnen, Bohnenkerne, Lauch, Karotten und Zucchini schichten. Bedeckt langsam zum Kochen bringen und ca. 15 – 20 Minuten lang köcheln lassen, bis das Gemüse weich ist. Basilikum vorsichtig einrühren und einige Minuten lang bedeckt ziehen lassen.

Knuspriger Blumenkohl

*4 Weizenvollkornbrötchen,
2 Tage alt*
1 Blumenkohl
5 EL Olivenöl
2 EL Pinienkerne, grob gehackt
1 – 2 Knoblauchzehen, zerdrückt
¼ TL Salz
*1 Prise schwarzer Pfeffer, grob
gemahlen*
*¼ TL frischer Thymian, zwischen
den Fingern zerrieben*
1 Bund Petersilie, fein gehackt
½ Zitrone

Die Rinde der Brötchen dünn abschneiden, das Brötcheninnere in Würfel schneiden und in der Küchenmaschine nicht zu fein hacken, so daß kleine Stückchen und Krümel entstehen. Bei 150° C im Backofen in einer ungefetteten Pfanne unter mehrmaligem Umrühren vorsichtig goldbraun rösten. In der Zwischenzeit den Blumenkohl vierteln und bißfest kochen. Öl, Pinienkerne und Knoblauchzehen langsam und vorsichtig unter ständigem Rühren in einer Pfanne erhitzen und einige Sekunden lang sautieren, bis sie glasig sind. Salz, Pfeffer, Brötchenkrümel und Thymian zugeben und durchrühren, bis alles gut vermischt und warm ist. Topf von der Kochstelle nehmen, Petersilie unterrühren und die Mischung über den Blumenkohl geben. Nach Belieben mit Zitronenspalten servieren.

Überbackener Fenchel

2 EL Olivenöl
1 große Zwiebel, in Halbmonde
  geschnitten
1 rote Paprikaschote, diagonal in
  dünne Streifen geschnitten
1 Knoblauchzehe, zerdrückt
4 Fenchel, längs halbiert
1 Tasse Gemüsebrühe oder Wasser
¼ TL Salz
1 Prise schwarzer Pfeffer
2 Tomaten, enthäutet und in grobe
  Würfel geschnitten
1 Tasse schwarze Oliven
2 EL Korianderblätter, gehackt

Öl in einem großen Topf erhitzen.
Zwiebel und Paprikaschote darin
unter ständigem Rühren ca. 10 Minuten lang sautieren, bis die Zwiebel glasig ist und die Haut der
Paprikaschote anfängt, Blasen zu
werfen. Knoblauchzehe zugeben,
Fenchel hinzufügen, Gemüsebrühe
bzw. Wasser, Salz und Pfeffer zugeben und bedeckt ca. 10 Minuten
lang köcheln lassen. Fenchel in eine
gefettete, feuerfeste Form geben,
die Tomaten zu der Kochflüssigkeit
geben und ca. 30 Minuten lang
bedeckt köcheln lassen. Dann unbedeckt etwas eindicken lassen. Soße
über den Fenchel gießen und Oliven über dem Gemüse verteilen. Im
vorgeheizten Backofen bei 250° C
ca. 10 Minuten lang backen. Vor
dem Servieren mit Koriander bestreuen.

Marinierter Lauch

4 Lauchstangen
ca. 2 EL Olivenöl
ca. 1 EL französischer Senf
einige Prisen Salz
einige Prisen Pfeffer
ca. 1 EL Weißweinessig
½ – 1 EL frischer Estragon,
  grob gehackt
½ kleiner Zweig Thymian,
  zwischen den Fingern zerrieben

Den größten Teil der grünen Ab-
schnitte des Lauchs abschneiden,
die Lauchstangen oben längs einschneiden und gut waschen. In
kochendes Wasser geben und in ca.
10 – 15 Minuten gut weich kochen. Im Kochwasser abkühlen
lassen. Öl mit Senf sämig rühren;
Salz, Pfeffer, Essig, Estragon
und Thymian zugeben und ca.
½ – 1 Tasse des kalten Lauchkoch-
wassers einrühren. Das Ganze
abschmecken. Die Lauchstangen
vorsichtig, aber ausreichend ausdrücken, in eine breite flache
Schüssel nebeneinander legen,
wobei das obere Drittel der Lauchstangen umgeknickt und unter den
unteren Teil gelegt wird. Mit dem
Dressing übergießen und bedeckt
im Kühlschrank mindestens über
Nacht ziehen lassen. Den Lauch
mehrmals umdrehen. Als Vorspeise
servieren.

Salatgemüse

4 Kopfsalate
3 EL Olivenöl oder Butter
1 Bund Frühlingszwiebeln, in Ringe
   geschnitten
ca. ½ Tasse Gemüsebrühe oder
   Wasser
1 Lorbeerblatt
1 Zweig Thymian
1 EL glatte Petersilie, grob gehackt
4 Tassen frische Erbsen
¼ TL Salz
1 Prise schwarzer Pfeffer

Die äußeren Blätter der Salatköpfe entfernen und die Salatköpfe in köchelndem Wasser ca. 3 – 5 Minuten lang vorsichtig blanchieren. Den Topf vom Feuer nehmen und unter langsam laufendes, kaltes Wasser stellen, bis der Salat kalt genug ist, damit man ihn mit den Händen vorsichtig herausnehmen kann. Salatköpfe mit den Wurzeln nach oben in ein Sieb setzen und abtropfen lassen, dann vorsichtig zusammenbinden. Öl bzw. Butter in einem großen, flachen Topf erhitzen und die weißen Teile der Frühlingszwiebeln darin einige Sekunden lang unter Rühren sautieren. Salatköpfe, Gemüsebrühe bzw. Wasser, Lorbeerblatt, Thymian und Petersilie zugeben und bedeckt ca. 5 Minuten lang köcheln lassen. Salatköpfe umdrehen, Erbsen zugeben und weitere ca. 5 Minuten lang köcheln lassen, bis die Erbsen weich sind. Salate auf eine Servierplatte setzen und die Erbsen darauf verteilen. Lorbeerblatt und Thymian aus dem Kochsud entfernen, etwas eindicken lassen, mit Salz und Pfeffer abschmecken und über das Gemüse gießen.

Salat mit würziger Paste

½ Tasse getrocknete schwarze
   Oliven
¼ Tasse Kapern
1 EL Olivenöl
1 – 2 EL Zitronensaft
1 TL Basilikum, fein gehackt
je ¼ TL frischer Majoran, Rosmarin
   und Thymian, fein gehackt
1 Prise schwarzer Pfeffer
1 Friséesalat
4 Tomaten

Oliven waschen, mehrere Stunden lang in kaltem Wasser einlegen, dann gut abwaschen und mit Olivenöl gerade bedeckt ca. 1 Woche lang stehen lassen, um den Salzgehalt zu reduzieren. Oliven gut ab- tropfen lassen. Wegen des hohen Salzgehaltes wird das Öl für dieses Rezept nicht verwendet. Die Oliven entsteinen und mit den gut gewaschenen Kapern sehr fein hacken. Die restlichen Zutaten (bis auf den Salat und die Tomaten) zu einer feinen Soße pürieren, dann mit den Oliven und den Kapern zu einer dicken Paste mischen. Falls die Masse zu trocken ist, eventuell etwas mehr Olivenöl einrühren. Kleine Portionen der Paste auf Salat und Tomaten verteilen.

○ *Variante:* Diese Paste kann auch zu gekochtem Gemüse oder getoastetem Brot serviert werden.

Würzige Birnen

4 getrocknete Pflaumen, entsteint
1 EL Rosinen
4 Birnen
1 Zitrone
2 Orangen
5 Tassen schwerer trockener
  Rotwein
ca. 2 Tassen Wasser
4 EL Honig
1 Zimtstange
2 große Lorbeerblätter
1 Nelke
1 TL schwarze Pfefferkörner
1 Prise Muskatnuß, gemahlen

Pflaumen und Rosinen in heißem
Wasser ca. ½ – 1 Stunde lang einweichen. Birnen schälen, den Stiel
jedoch nicht entfernen. Von der
Zitrone mit dem Kartoffelschäler
längs 2 Streifen der Schale abschä-
len und den Saft der halben Zitrone
ausdrücken. Von einer Orange die
Schale sehr fein abreiben und den
Saft ausdrücken. Von der anderen
Orange beide Enden wegschneiden
bis zum Fruchtfleisch, dann die
Orange in ca. 1 cm dicke Scheiben
schneiden und diese mit Wein,
Wasser, Gewürzen, den Zitronen-
schalestreifen, dem Saft der halben
Zitrone und dem Saft der Orange
zum Kochen bringen. Birnen vorsichtig in den Sud hineinsetzen und
unbedeckt ca. 20 – 40 Minuten
lang leicht und vorsichtig köcheln
lassen, bis die Birnen auch unten
weich sind. Dann die Birnen und

die Orangenscheiben aus dem Sud
nehmen und in Portionsschälchen
arrangieren. Den Sud bis zur Hälfte
eindicken lassen, die abgetropften
Trockenfrüchte zugeben und ca.
10 – 15 Minuten lang leicht köcheln lassen, bis der Sud sirupartig
andickt. Den abgekühlten Sud über
Birnen und Orangenscheiben geben
und servieren.

Österreich

Krautnudeln

1 kleiner Weißkohl
4 EL Sonnenblumenöl
1 große Zwiebel, in feine
 Halbmonde geschnitten
¼ TL Salz
¼ TL schwarzer Pfeffer
400 g Vollkornbandnudeln

Weißkohl auf einer groblöchrigen
Reibe fein hobeln. 2 EL Öl in einem
flachen Topf erhitzen und die Zwiebel darin glasig sautieren. Kraut
zugeben und bedeckt in ca.
20 – 30 Minuten goldgelb schmoren, mit Salz und Pfeffer abschmek-
ken. Währenddessen die Nudeln
kochen. Das restliche Öl in einem
nicht zu kleinen Topf erwärmen
und die Nudeln darin schwenken.
Kraut zugeben und alles gut vermischen.

Gebackene gelbe Erbsen

2 Tassen getrocknete gelbe Erbsen
¼ TL Salz
1 Prise Pfeffer
¼ TL Majoran, getrocknet
1 ½ Tassen Brotkrümel oder
 Paniermehl
3 EL Sonnenblumenöl
1 große Zwiebel, in Ringe
 geschnitten

Erbsen nach dem Grundrezept
(siehe Seite 10) in ca. 60 – 75 Minuten im Dampfdrucktopf garen.
Salz, Pfeffer und Majoran unter die
Erbsen mischen und die Masse in
eine gefettete und mit 2 EL Brotkrümel bzw. Paniermehl ausge-
streute, feuerfeste Form füllen.
1 EL Öl in einer Pfanne erhitzen
und die restlichen Brotkrümel darin
knusprig rösten. Im restlichen Öl
die Zwiebel glasig sautieren. Erb-
senmasse mit den gerösteten Brot-
krümeln und den Zwiebelringen
bestreuen und das Ganze bei
200° C im vorgeheizten Backofen
ca. 15 – 20 Minuten lang backen,
bis die Oberfläche bräunt.

Petersilienwurzeltopf

3 EL Sonnenblumenöl
4 Zwiebeln, in feine Würfel
  geschnitten
1 gehäufter EL schwarze
  Pfefferkörner
5 Lorbeerblätter
300 g Petersilienwurzeln, auf einer
  groblöchrigen Reibe geraspelt
300 g Karotten, auf der
  groblöchrigen Reibe geraspelt
1 Tasse Seitanbrühe oder Wasser
  und ¼ TL Salz
250 g Seitan, in ca. 3 mm dünne
  Scheiben geschnitten

In einem großen, nicht zu tiefen
Topf das Öl erhitzen und die Zwiebeln darin unter Rühren glasig,
nicht braun, sautieren. Pfefferkörner in ein Stückchen Baumwollstoff
wickeln, mit Zwirn zubinden und
in den Topf geben. Lorbeerblätter,
Petersilienwurzeln, Karotten und
Seitanwasser zugeben. Unter gelegentlichem Rühren bedeckt ca.
15 Minuten lang garen. Seitan
zugeben und weitere ca.
15 – 25 Minuten lang leicht bedeckt garen, bis das Gemüse weich
und die Kochflüssigkeit fast völlig
eingedickt ist.

Kürbisstreifen

1 Kürbis (nicht zu wäßrige Sorte)
1 EL Sonnenblumenöl oder Butter
1 EL Weizenvollkornmehl
ca. 1 Tasse Salzgurkenwasser

Kürbis schälen und auf der Reibe in
ca. ½ cm dicke »Nudeln« hobeln.
Öl bzw. Butter in einem großen,
flachen Topf erhitzen, Mehl hinein-
rühren (nicht braun werden lassen)
und mit etwas kaltem Wasser ablöschen. Salzgurkenwasser zugießen
und aufkochen lassen. Kürbis zugeben und unter gelegentlichem Rühren bedeckt ca. 5 – 10 Minuten
lang köcheln lassen, bis der Kürbis
halb weich ist. Weitere 5 – 10 Minuten lang unbedeckt köcheln
lassen, bis der Kürbis ganz weich,
die Flüssigkeit eingedickt und das
Gericht etwas angedickt ist.

Sämiger Spinat

500 g Spinat
1 EL Sonnenblumenöl oder Butter
1 EL Weizenvollkornmehl
ca. ½ Tasse Gemüsebrühe oder
    Wasser
1 Msp. Muskatnuß, gemahlen
¼ TL Salz
1 Prise schwarzer Pfeffer
1 Knoblauchzehe, zerdrückt

Spinat in wenig kochendem Wasser
einige Sekunden lang blanchieren,
dann nach Belieben fein hacken
oder pürieren. Öl bzw. Butter in
einem großen, flachen Topf erhitzen, Mehl einrühren (nicht braun
werden lassen) und mit etwas kaltem Wasser ablöschen. Gemüsebrühe bzw. Wasser angießen, Gewürze
und Knoblauch zugeben. Unter
Rühren ca. 10 Minuten lang köcheln lassen, bis eine angedickte
Soße entstanden ist. Spinat gut
einmischen und kurz heiß werden
lassen.

○ *Variante:* Gemüsebrühe durch
Milch ersetzen.

Meerrettich-Beigabe

300 g Meerrettichwurzeln
4 säuerliche Äpfel
1 Zitrone
2 – 3 EL Honig
1 Spritzer Apfelessig

Meerrettich und Äpfel fein reiben
und sofort mit dem Saft einer Zitrone vermischen. Mit Honig und
Essig abschmecken und vor dem
Servieren einige Stunden lang ziehen lassen.

Sauerkrautsalat

500 g Sauerkraut
1 Zwiebel
3 EL Weißwein
3 EL Sonnenblumenöl
½ TL Kümmelsamen

Sauerkraut kurzschneiden, Zwiebel
fein hacken. Alle Zutaten gut vermengen und vor dem Servieren
einige Stunden lang ziehen lassen.

Salzige Gurken

1 l Wasser
5 EL Salz
1 kg dicke große Einlegegurken
3 Knoblauchzehen
3 Lorbeerblätter
1 EL Senfkörner
1 EL schwarze Pfefferkörner
5 Dillblüten
einige Meerrettich- oder
  Weinblätter

Wasser mit Salz aufkochen und
abkühlen lassen. Gurken und alle
Gewürze (bis auf die Meerrettich-
bzw. Weinblätter) in ein Glas
schichten und das kalte Salzwasser
aufgießen, bis die Gurken bedeckt
sind. Mit den Blättern gut abdecken
und mindestens 4 – 6 Wochen lang
an einem nicht zu warmen Ort
fermentieren lassen.

Süß-saurer Kopfsalat

1 EL Weißweinessig
¼ TL Salz
¼ TL Honig
1 EL Sonnenblumenöl
1 Kopfsalat

Aus Essig, Salz, Honig und Öl ein
Dressing mischen, über die zer-
pflückten Salatblätter geben und
gut mischen.

Warme Zwetschgen

1 kg sehr reife Zwetschgen,
  entsteint
200 g Honig
5 Nelken
1 Zimtstange

Zwetschgen in einen tiefen Topf
füllen. Honig und Gewürze obenauf
geben und bei sehr geringer Hitze
langsam und vorsichtig bedeckt in
ca. 30 – 50 Minuten dünsten, bis
die Zwetschgen weich sind und
deren Schale sich einrollt. Gewürze
entfernen und das Ganze vor dem
Servieren etwas abkühlen lassen.

Ungarn

Kartoffelklößchen

3 Tassen Kartoffeln, fein gerieben
ca. 1 ½ Tassen
Weizenvollkornmehl
4 Prisen Salz
4 EL Sonnenblumenöl

Die Kartoffeln gut ausdrücken und
mit Mehl und 2 Prisen Salz zu
einem weichen Teig vermischen.
Mit Hilfe eines Löffels walnußgroße
Klößchen formen und in kochendes
Wasser geben. Etwa 10 Minuten
lang leicht köcheln lassen, bis die
Klößchen gar sind. Öl in einer Pfanne erhitzen, das restliche Salz einmischen und die abgetropften
Klößchen kurz darin schwenken.

Kräuterbohnen

1 Tasse getrocknete weiße
Bohnenkerne
2 große Zwiebeln, klein gewürfelt
4 Karotten, klein gewürfelt
4 Knoblauchzehen, gehackt
2 EL Olivenöl
¼ TL Salz
1 Prise schwarzer Pfeffer
½ Zitrone
je 1 EL frische Minze, Dill,
Thymian und Estragon, fein
gehackt

Bohnen nach dem Grundrezept
(siehe Seite 10) in ca. 30 Minuten
im Dampfdrucktopf garen. Zwiebeln, Karotten und Knoblauchzehen zu den Bohnen geben und
weitere ca. 20 – 30 Minuten lang
bedeckt köcheln lassen, bis das
Gemüse weich ist. Öl, Salz und
Pfeffer einrühren. Vor dem Servieren mit Zitronensaft beträufeln und
mit Kräutern bestreuen.

Kastanienwirsing

500 g Kastanien
1 EL Sonnenblumenöl
1 EL Weizenvollkornmehl
1 Wirsing, in ca. 1 – 1 ½ cm breite
Streifen geschnitten
¼ TL Salz
1 Prise schwarzer Pfeffer

Kastanien kreuzweise einschneiden,
ca. 20 – 30 Minuten lang kochen
und schälen. Öl in einem großen
Topf erhitzen, Mehl einrühren,
kurz schwitzen lassen und mit
etwas kaltem Wasser ablöschen.
Wirsing, Kastanien, Salz und Pfeffer
zugeben, gut mischen und bedeckt
ca. 15 – 25 Minuten lang köcheln
lassen. Gelegentlich umrühren und
die Flüssigkeitsmenge kontrollieren.

Rotes Gemüse

4 EL Olivenöl
500 g spitze rote Paprikaschoten,
* längs geviertelt*
2 große Zwiebeln, in große Würfel
* geschnitten*
500 g Tomaten, enthäutet,
* entkernt und gewürfelt*
1 EL Paprikapulver, edelsüß
1 gestrichener TL Paprikapulver,
* scharf*
½ TL Salz

3 EL Öl in einem großen, flachen
Topf erhitzen und Paprikaschoten
darin vorsichtig braten, bis deren
Haut anfängt, Blasen zu werfen.
Paprika auf Küchenpapier abtropfen
lassen. Im selben Topf (ohne ihn
auszuwaschen) das restliche Öl
erhitzen und die Zwiebeln darin
glasig sautieren. Paprikastücke
zugeben, Tomaten und Gewürze
einrühren. Bedeckt ca. 20 – 30 Minuten lang leicht köcheln lassen
und das Gericht anschließend unbedeckt etwas eindicken lassen.

Sauerampfergemüse

3 EL Sonnenblumenöl
1 Zwiebel, fein gehackt
500 g Sauerampfer
1 EL Weizenvollkornmehl
¼ TL Salz

2 EL Öl in einem großen, flachen
Topf erhitzen und die Zwiebel darin
glasig sautieren. Sauerampfer zugeben und bedeckt in ca. 1 Minute
weichdünsten, dann pürieren. Das
restliche Öl erhitzen, Mehl einrühren, leicht schwitzen lassen, Salz
zugeben und mit etwas kaltem
Wasser ablöschen. Das Püree gut
einmischen und kurz köcheln lassen.

○ *Variante:* Anstelle der Mehl-
schwitze 1 Tasse saure Sahne mit
dem Mehl verquirlen, zu den Zwiebeln und dem Sauerampfer geben,
etwa 5 Minuten lang köcheln lassen und das Ganze pürieren. Nach
Belieben etwas Honig zugeben.

Als sie noch in Bratislava wohnten, gingen meine Urgroßmutter
und meine Oma mindestens zweimal wöchentlich auf den Markt,
um einen Wäschekorb voller Gemüse zu kaufen. Dabei hatten sie
nur eine fünfköpfige Familie zu bekochen! Einmal im Jahr
fuhr meine Urgroßmutter nach Ungarn, um dort
Paprika einzukaufen.

Rote Bete-Salat

4 rote Bete
1 EL Apfelessig
1 EL Sonnenblumenöl
¼ TL Salz
ca. 7 cm Meerrettichwurzel,
geschält und in dünne
Längsscheiben geschnitten
1 TL Kümmelsamen

Die rote Bete ca. 1 Stunde lang
kochen, bis sie gut weich sind,
dann schälen und in möglichst
dünne Scheiben schneiden. Aus
Essig, Öl und Salz ein Dressing
rühren, etwa 2 Tassen Wasser zufügen und vorsichtig rote Bete, Meerrettich und Kümmel einmischen.
Mindestens über Nacht ziehen
lassen; vor dem Servieren mehrmals
umrühren.

Eingelegte gefüllte Paprika

1 Weißkohl
ca. ½ EL Salz
6 grüne Paprikaschoten,
ausgehöhlt
4 Tassen Weißweinessig
2 Tassen Wasser
3 Lorbeerblätter
1 EL Senfsaat
1 TL Dill, getrocknet
1 TL scharfe Paprikaflocken,
getrocknet

Weißkohl in feine Streifen schneiden und das Salz gut einarbeiten.
½ – 1 Stunde lang ziehen lassen,
ausdrücken und die Paprikaschoten
damit füllen. Paprika mit der Öff-
nung nach oben in ein Glas setzen.
Essig mit Wasser und Gewürzen
aufkochen, etwas abkühlen lassen
und über die Paprika gießen, bis
diese bedeckt sind. Das Glas mit
Zellophan verschließen und ca.
14 Tage lang fermentieren lassen.
Nach Anbruch im Kühlschrank
aufbewahren.

Süß-saurer Gurkensalat Mohn-Walnuß-Konfekt

1 Salatgurke
½ TL Salz
1 EL Weißweinessig
2 EL Olivenöl
1 Prise schwarzer Pfeffer
⅛ TL Honig
½ Knoblauchzehe, zerrieben

Gurke auf einer Reibe in sehr dünne Scheiben hobeln und mit knapp ½ TL Salz gut vermischen; bedeckt ca. ½ – 1 Stunde lang ziehen lassen, dann ausdrücken. Aus Essig, 1 Prise Salz, Öl, Pfeffer, Honig, Knoblauch und ca. ½ Tasse Wasser ein Dressing rühren und unter die Gurke mischen.

1 ½ Tassen Honig
¾ Tasse Mohn, gemahlen
1 ½ Tassen Walnüsse, gemahlen
½ TL Zimt, gemahlen
1 Prise Nelken, gemahlen

Honig vorsichtig langsam erhitzen und alle übrigen Zutaten gut einmischen. Die Masse auf einer Marmorplatte oder einer anderen nassen Fläche verteilen und abkühlen lassen. Zu einer Rolle formen und in Wachspapier einwickeln wie eine Wurst. Im Kühlschrank aufbewahren und bei Bedarf in Scheiben schneiden.

Spanien

Walnußreis

*2 Tassen ungeschälter
  Langkornreis
½ große Zitrone
4 Tassen Gemüsebrühe oder
  Wasser
¼ TL Salz
4 EL Walnüsse
3 EL Petersilie
4 Knoblauchzehen
4 EL Olivenöl
1 Prise schwarzer Pfeffer*

Reis mit dem Saft der halben Zitrone und der Gemüsebrühe bzw. dem Wasser zum Kochen bringen, salzen und bedeckt ca. 45 – 50 Minuten lang köcheln lassen, bis die Reiskörner aufgeplatzt sind und alle Flüssigkeit absorbiert ist. In der Zwischenzeit Walnüsse, Petersilie und Knoblauch kleinhacken und anschließend im Mörser zu einer Paste zerreiben. Öl in einem dünnen Strahl unter ständigem Schlagen einarbeiten, mit Salz und Pfeffer abschmecken. Den gegarten Reis in eine Schüssel füllen und die Walnußmischung gut einmischen.

○ *Variante:* Etwas geriebenen Hartkäse in die Walnußmischung einrühren.

Weiß-roter Bohnentopf

*1 kleine rote Paprikaschote
ca. 1 TL Öl
1 ½ Tassen getrocknete weiße
  Bohnenkerne
1 Zwiebel
1 Tomate, enthäutet
1 Knoblauchzehe
1 TL Paprikapulver, scharf
¼ TL Salz*

Paprikaschote einölen und im Backofen oder auf dem Holzkohlegrill ca. ½ Stunde lang backen oder grillen, bis die Haut anfängt, Blasen zu werfen. Paprika schälen und in kleine Stücke schneiden. Bohnen nach dem Grundrezept (siehe Seite 10) blanchieren. Zwiebel und Tomate in grobe Würfel schneiden, Knoblauchzehe fein würfeln. Alle Zutaten (bis auf das Salz) mit ca. 4 Tassen Wasser aufsetzen und bedeckt ca. 1 Stunde lang köcheln lassen, bis die Bohnen sehr weich sind. Zwischendurch die Wassermenge kontrollieren. Vor dem Servieren mit Salz abschmecken.

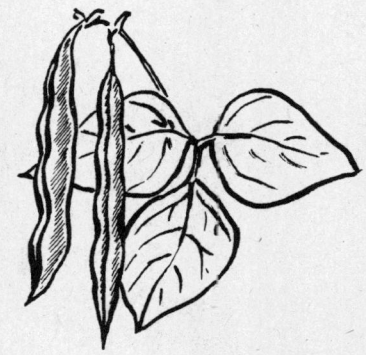

Gebackenes Gemüse

2 Kartoffeln, geviertelt
3 rote Paprikaschoten, diagonal
   in ca. 3 cm breite Streifen
   geschnitten
1 große Aubergine, in ca. 2 cm
   breite Halbmonde geschnitten
4 Zwiebeln, halbiert
½ Tasse Olivenöl
¼ TL Salz
1 – 2 Zitronen

Kartoffeln einige Minuten lang
kochen, bis sie halb gar sind. Paprikaschoten, Aubergine, Zwiebeln
und Kartoffeln mit ca. ⅓ Tasse Öl
sehr gut einreiben, in eine große,
flache, feuerfeste Form füllen und
im gut vorgeheizten heißen Backofen ca. 15 – 20 Minuten lang
backen, bis die Haut des Paprika
anfängt, Blasen zu werfen. Hitze
auf ca. 175 – 200° C reduzieren
und weitere 25 – 40 Minuten lang
backen, bis das Gemüse knusprig
ist. Vor dem Servieren mit dem
restlichen Olivenöl, Salz und Zitronensaft besprenkeln.

Artischockengemüse

8 junge Artischocken
2 EL Olivenöl
1 kleine Zwiebel, fein gehackt
2 Knoblauchzehen, fein gehackt
1 ½ Tassen Montilla-Wein,
   ersatzweise trockener Weißwein
   oder trockener Sherry
¼ TL Salz
1 Prise Muskatnuß, gemahlen

Artischocken zurechtschneiden. Öl
in einem großen Topf erhitzen;
Zwiebel und Knoblauchzehen darin
glasig sautieren. Wein angießen,
Salz, Muskatnuß und Artischocken
zufügen und bedeckt ca.
20 – 40 Minuten lang leicht köcheln lassen, bis die Artischocken
gar sind. Nach Belieben mit dem
Kochsud servieren.

Eine der besten Kartoffelzubereitungen meines Lebens habe ich
vor Jahren auf Lanzarote genossen. Kleine, sehr dunkelschalige
Kartoffeln werden ungeschält in einem Topf, dessen Boden mit
Steinen ausgelegt ist, in Meerwasser gekocht, bis das Wasser so
weit verdunstet ist, daß die Kartoffeln nicht mehr mit dem Wasser
in Berührung kommen. So bleibt auf der Kartoffelschale eine
leichte Salzkruste zurück.

Wilder Spargel

1 kg wilder Spargel
3 EL Olivenöl
4 Knoblauchzehen
1 Scheibe altes Weizenvollkornbrot
2 Prisen Safran
1 Prise Kreuzkümmel (Kumin)
2 Prisen Salz
1 EL Weizenvollkornmehl
½ Tasse Weißwein

Spargel in ca. 2 ½ cm lange Stücke
schneiden, in kochendem Wasser in
ca. 2 – 5 Minuten fast weich garen
(Spitzen etwas später zugeben).
Abschütten und gut abtropfen lassen. 2 EL Öl in einer nicht zu großen Pfanne erhitzen, die ganzen
Knoblauchzehen und das Brot darin
gut braun braten und dann im
Mörser zusammen mit Safran,
Kreuzkümmel und Salz zu einer
Paste zerreiben. Das restliche Öl in
derselben Pfanne (ohne sie auszuwaschen) erhitzen, das Mehl darin
unter Rühren bräunen und gut in
die Paste einmischen. Wein zugießen und das Ganze zurück in die
Pfanne geben. Unter Rühren einige
Minuten lang köcheln lassen, bis
die Masse sehr dick ist. Vorsichtig
den Spargel einmischen und kurz
heiß werden lassen.

Mangold mit Pinienkernen und Rosinen

¼ Tasse Rosinen
1 Zwiebel, fein gehackt
2 Knoblauchzehen, fein gehackt
500 g Mangold, in 1 – 2 cm breite
Streifen geschnitten
3 EL Pinienkerne
2 EL Olivenöl
¼ TL Salz
1 Prise schwarzer Pfeffer

Rosinen einige Stunden lang in
warmem Wasser einweichen. Öl in
einem großen, flachen Topf erhitzen, Zwiebel und Knoblauchzehen
darin glasig sautieren. Mangoldstie-
le zugeben und unter Rühren ca.
1 – 2 Minuten lang sautieren, bis
sie beginnen, weich zu werden. Die
ebenfalls in Streifen geschnittenen
Blätter einmischen und einige Sekunden lang mit sautieren. Pinienkerne und die abgetropften Rosinen
zugeben, mit Salz und Pfeffer würzen, gut vermischen und bedeckt
einige Minuten lang garen, bis der
Mangold weich ist.

Marinierte Oliven

500 g grüne Oliven
4 Knoblauchzehen, ungeschält
1 Bitterorange, ersatzweise
*   1 Zitrone*
1 – 2 Thymianzweige
1 EL Koriandersamen
1 Stange getrockneter Fenchel
1 kleines Glas trockener Sherry
*   oder Rotweinessig*

Oliven mit einem Nudelholz leicht zerschlagen. Knoblauchzehen vorsichtig über einer Flamme rösten und mit dem Nudelholz einmal schlagen. Von der Mitte der Orange eine Scheibe herausschneiden, den Rest grob würfeln. Alle Zutaten (bis auf die Orangenscheibe) in ein Schraubdeckelglas füllen und mit Wasser auffüllen, bis die Oliven bedeckt sind. Orangenscheibe obenauf legen, so daß die Oliven unter der Flüssigkeitsoberfläche bleiben. Deckel fest anschrauben und im Kühlschrank mindestens eine Woche lang ziehen lassen. Bei Raumtemperatur servieren.

Tomatensalat

5 reife Fleischtomaten
4 Knoblauchzehen
¼ Tasse Olivenöl
1 EL Sherryessig
½ TL Kreuzkümmel (Kumin)
½ TL Salz
1 Prise schwarzer Pfeffer

4 Tomaten in Scheiben schneiden und auf einem großen Teller arrangieren. Die verbliebene Tomate pürieren, den Knoblauch zerreiben oder durch die Knoblauchpresse geben und mit den restlichen Zutaten zu einem Dressing vermischen. Über den Tomatenscheiben verteilen.

Feigen-Dattel-Dessert

1 Flasche Weißwein
¼ Tasse »eau de vie«
(hochprozentiger Schnaps)
2 Zitronen
5 EL Honig
1 Zimtstange
5 Nelken
250 g getrocknete Feigen
250 g getrocknete Datteln

Zitronen mit dem Kartoffelschäler
schälen und den Saft auspressen.
Wein, eau de vie, Zitronenschale
und -saft, Honig und Gewürze
zusammen zum Kochen bringen
und in ca. 15 – 25 Minuten etwas
eindicken lassen. Feigen und nach
5 Minuten Datteln zugeben und
weitere ca. 5 Minuten lang köcheln
lassen, bis die Früchte weich werden. Vor dem Servieren abkühlen
lassen.

Italien

Gebratene Maisschnittchen

6 Tassen Wasser
4 Prisen Salz
*2 Tassen Mais, mittelgrob
   gemahlen (Polenta)*
5 EL Olivenöl
*2 TL frischer Rosmarin,
   klein geschnitten*
2/3 Tasse Walnüsse, klein gehackt
1 Prise schwarzer Pfeffer

Das Wasser mit 2 Prisen Salz zum
Kochen bringen. Maismehl schnell
unter Rühren mit einem Schneebesen einrieseln lassen und sofort
bedecken. Die Hitze auf ein Mini-
mum reduzieren und ca. 20 Minuten lang leicht köcheln lassen. In
der Zwischenzeit 2 EL Öl in einer
Pfanne erhitzen und darin Rosmarin
und Walnüsse ca. 5 Minuten lang
unter Rühren rösten, bis die Nüsse
eine goldene Farbe annehmen. Mit
dem restlichen Salz und mit Pfeffer
besprenkeln, in die Polenta einrühren und weitere ca. 10 Minuten
lang garen lassen. Die Masse auf
einem Teller ca. 2 cm dick glattstreichen und einige Stunden lang,
am besten über Nacht, stehen lassen. In beliebige Formen schneiden
und in dem restlichen Öl langsam
knusprig braten. Nach Belieben mit
Tomatensoße servieren.

Grünes Saubohnenpüree

4 Tassen frische Saubohnenkerne
*2 Stangen Sellerie,
   klein geschnitten*
1 Zwiebel, gehackt
5 EL Olivenöl
¼ TL Salz
*400 g Löwenzahnblätter, in ca.
   2 cm lange Streifen geschnitten*
2 Knoblauchzehen, fein gehackt

Bohnen, Selleriestangen und Zwiebel mit Wasser gerade bedeckt ca.
30 Minuten lang kochen, bis die
Bohnen weich sind. Wasser abschütten und die Bohnen mit 2 EL
Olivenöl und dem Salz pürieren.
Löwenzahn in kochendem Wasser
einige Sekunden lang blanchieren,
bis er weich ist. Das restliche Öl in
einer Pfanne erhitzen und Knoblauch darin glasig sautieren. Die gut
abgetropften Löwenzahnblätter
einmischen und über das Bohnenpüree geben oder damit mischen.

Steinpilzkarotten

50 g getrocknete Steinpilze
5 EL Olivenöl oder Butter
½ Zwiebel, fein gehackt
2 Knoblauchzehen, fein gewürfelt
500 g Karotten, in ca. 7 mm dünne
  Stifte geschnitten
¼ TL Salz
1 Prise schwarzer Pfeffer
2 EL glatte Petersilie, gehackt

Steinpilze ca. 20 Minuten lang in warmem Wasser einweichen, dann in Streifen schneiden. Öl bzw. Butter in einem großen, flachen Topf erhitzen, Zwiebel darin glasig sautieren, Knoblauch und Pilze zugeben und unter Rühren 1 – 2 Minuten lang mit sautieren. Dann die Karotten gut einmischen, Salz und Pfeffer zugeben. Einige Minuten lang unter gelegentlichem Rühren sautieren, 4 EL Wasser zugeben und bedeckt einige Minuten lang garen lassen, bis die Karotten weich sind. Vor dem Servieren Petersilie einrühren.

Südlicher Gemüsetopf

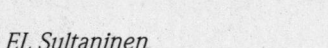

2 EL Sultaninen
1 große Aubergine
5 EL Olivenöl
2 Stangen Bleichsellerie, in dünne
*   Scheiben geschnitten*
1 große Zwiebel, in Ringe
*   geschnitten*
2 Eiertomaten, enthäutet, entkernt
*   und püriert*
1 ½ Bund Basilikum, klein gehackt
1 EL Rotweinessig
2 EL Pinienkerne
1 EL Kapern
2 Tassen grüne Oliven, entsteint
ca. 1 EL Salz

Sultaninen in lauwarmem Wasser einweichen. Aubergine in ca. 3 cm große Würfel schneiden, gut einsalzen, ca. 2 Stunden lang beschwert ziehen lassen, dann gut abwaschen und abtrocknen. 3 EL Olivenöl in einer Pfanne erhitzen, die Auberginenwürfel darin braten, bis sie eine goldene Farbe annehmen, dann herausnehmen und auf Küchenpapier abtropfen lassen. In einem großen Topf 1 EL Öl erhitzen, Sellerie darin glasig sautieren, herausnehmen und ebenfalls auf Küchenpapier abtropfen lassen. Im selben Topf (ohne ihn auszuwaschen) Zwiebel in 1 EL Öl glasig sautieren, Tomaten zugeben. 1 Bund Basilikum zugeben und 10 Minuten lang bedeckt köcheln lassen. Mit Essig ablöschen. Pinienkerne, Kapern, die abgetropften Sultaninen und Oliven zugeben. Falls die Soße zu dick ist, etwas Wasser zugießen. Mit Salz und Pfeffer abschmecken, aufkochen lassen, dann Aubergine und Sellerie zugeben und das Ganze ca. 10 Minuten lang bedeckt köcheln lassen. Mit dem restlichen Basilikum bestreuen. Traditionell wird dieses Gericht kalt serviert.

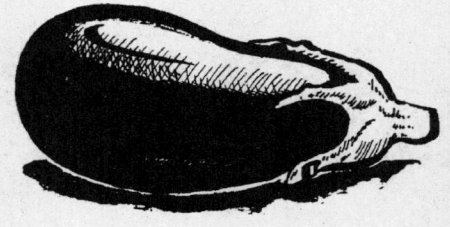

Zucchini-Fritters

4 EL Weizenvollkornmehl
4 EL Wasser
1 Prise Salz
4 kleine Zucchini,
* in Streifen geschnitten*
4 Zucchiniblüten
ca. ½ l Olivenöl

Aus Mehl, Wasser und Salz einen
Teig rühren. Zucchini und Blüten in
den Teig tauchen und nacheinander
fritieren (nicht zu viele auf einmal).
Nach Belieben mit Tomatensoße
oder Knoblauchöl servieren.

Gegrilltes Gemüse

1 kleine Aubergine, längs in ca.
* 3 mm dünne Scheiben*
* geschnitten*
1 Zucchini, längs in ca. 3 mm
* dünne Scheiben geschnitten*
1 rote Paprikaschote, diagonal in
* breite Streifen geschnitten*
400 g Austernpilze
ca. 2 EL Olivenöl

Gemüse mit Öl bepinseln und vorsichtig – vorzugsweise auf Holzkohle – grillen. Nach Belieben mit
Knoblauchöl servieren.

Rapagemüse

1 kg Rapa, ersatzweise Brokkoli
1 Zitrone
2 EL Olivenöl
¼ TL Salz
1 frische rote Chilischote, in Ringe
* geschnitten*
2 Knoblauchzehen, in dünne
* Scheiben geschnitten*

Blätter, Blüten und junge Stiele des
Rapa in ca. 5 cm große Stücke
schneiden und in kochendem Wasser ca. ½ – 1 Minute lang blanchieren, bis sie bißfest weich sind. Öl in
einem großen, flachen Topf erhitzen. Salz, Chilischote und Knoblauchzehen zugeben und einige
Sekunden lang unter Rühren sautieren. Vom Herd nehmen und den
abgetropften Rapa gut einmischen.
Mit Zitronenvierteln servieren.

Basilikum-Tomatensoße

3 EL Olivenöl
2 Knoblauchzehen, fein gehackt
6 Tomaten, enthäutet, entkernt
* und sehr fein gehackt*
¼ TL Salz
1 Prise schwarzer Pfeffer
2 EL Basilikum, fein gehackt

Öl in einem Topf erhitzen und
Knoblauch darin glasig sautieren.
Tomaten, Salz und Pfeffer zugeben
und bedeckt mindestens 30 Minuten lang unter gelegentlichem Rühren bei geringer Hitze köcheln
lassen. Basilikum einrühren und
kurz ziehen lassen. Zu Gemüse
oder Polenta servieren.

Knoblauchöl

1 Knoblauchknolle
¼ TL Salz
½ Tasse Olivenöl

Knoblauchzehen schälen, mit einem Messer zusammen mit.dem
Salz fein zerreiben, in eine kleine
Schüssel geben und das Öl mit
einem Schneebesen tröpfchenweise
einrühren. Zu Salaten und Gemüse
servieren.

Rot-grüner Salat

1 Radicchiosalat
250 g Rucola
einige Prisen Salz
einige Prisen schwarzer Pfeffer,
  mittelgrob gemahlen
2 EL Balsamico-Essig
2 EL Olivenöl

Radicchio- und Rucolablätter auf
Portionstellern arrangieren. Mit
Salz und Pfeffer bestreuen und mit
Essig und Öl beträufeln.

Kaltes Zitrusdessert

½ Tasse Honig
ca. 8 Orangen
ca. 1 Zitrone

Honig mit der geriebenen Schale
einer Orange und einer Zitrone
vermischen und vorsichtig unter
ständigem Rühren zum Kochen
bringen. 2 Tassen frisch gepreßten
Orangensaft und ¼ Tasse Zitronensaft einrühren. In eine flache Form
oder in Eiswürfelformen gießen und
1 Stunde lang ins Tiefkühlfach
stellen. Umrühren und weitere
3 Stunden lang gefrieren lassen.

Griechenland

Safran-Tomaten-Reis

6 sonnengetrocknete Tomaten, in
  kleine Stücke geschnitten
25 Safranfäden
4 EL Olivenöl
3 Stangen Lauch, in ca. 2 ½ cm
  große Stücke geschnitten
½ TL Honig
⅛ TL Zimt, gemahlen
¼ TL Salz
1 Prise schwarzer Pfeffer
2 Tassen ungeschälter
  Langkornreis
2 EL Minze, gehackt
2 EL glatte Petersilie, fein gehackt

Tomaten in ¼ Tasse kochendem
Wasser einweichen. Safran ebenfalls
in ¼ Tasse kochendem Wasser
einweichen. Öl in einem großen,
tiefen Topf erhitzen und den Lauch
darin einige Minuten lang sautieren. Honig darüber sprenkeln, gut
einmischen und unter Rühren vorsichtig ca. 10 Minuten lang sautieren, bis der Lauch weich wird.
Tomateneinweichwasser, Tomaten,
Zimt, Salz, Pfeffer und zuletzt den
Reis zugeben. Ca. 2 Minuten lang
unter Rühren sautieren; Minze und
Safran sowie ca. 4 ½ Tassen Wasser
einrühren. Bedeckt ca. 45 – 50 Minuten lang garen lassen, bis der Reis
weich und aufgeplatzt und die
Kochflüssigkeit absorbiert ist. Vor
dem Servieren Petersilie einrühren.

Erfrischende Kichererbsen

1 ½ Tassen getrocknete
  Kichererbsen
3 EL Olivenöl
1 Zitrone
¼ TL Salz
1 Prise schwarzer Pfeffer
1 kleine Zwiebel, in feine Ringe
  geschnitten
einige Stengel glatte Petersilie,
  zerpflückt

Kichererbsen nach dem Grundrezept (siehe Seite 10) in ca. 1 Stunde
im Dampfdrucktopf garen. In eine
Schüssel geben und mit Öl, Zitronensaft, Salz und Pfeffer mischen.
Zwiebel über die Kichererbsen
streuen, mit Petersilie garnieren.
Warm oder kalt servieren.

Einmal fuhren wir durch ein sehr dünn
besiedeltes Gebiet in Griechenland.
Gerade hatten wir einen Hügel
überwunden, da sahen wir vor uns ein
kleines Dorf mit nur wenigen Häusern
entlang der Straße. Diese jedoch war
von Tischen, Stühlen und Menschen
völlig blockiert. Als wir dort ankamen,
wurden wir förmlich aus dem Auto
gezerrt und eingeladen, am Osterfest
und den dargebotenen Köstlichkeiten
teilzuhaben!

Mit Tahin überbackenes Gemüse

4 junge Artischocken
4 große Karotten
2 große Kartoffeln
2 große Zwiebeln
2 EL Korianderblätter oder glatte
* Petersilie*
1 Tasse frische Saubohnenkerne
¼ TL Salz
1 Prise Pfeffer
2 TL Majoran oder Oregano,
* getrocknet*
2 EL Olivenöl
1 Tasse Tahin
1 Zitrone
2 – 4 Knoblauchzehen, fein
* gehackt*

Artischocken zurechtschneiden.
Karotten und Kartoffeln in ca.
3 – 4 cm große Würfel schneiden.
Zwiebeln grob würfeln, Koriander
grob hacken. Diese Zutaten mit
Saubohnen, Salz, Pfeffer und Majoran mischen und in eine gefettete,
feuerfeste Form füllen. Aus Tahin,
Zitronensaft und Knoblauchzehen
mit Wasser eine cremige Soße rühren und über das Gemüse gießen.
Bei 190° C ca. 30 Minuten lang
backen, bis das Gemüse gar ist.

Kürbis-Walnuß Auflauf

750 g Kürbis (eine nicht zu wäßrige
* Sorte, eher süßlich)*
6 Knoblauchzehen
1 TL frische rote Chilischote
⅓ Tasse trockener Weißwein
5 EL Rotweinessig
1 dicke Scheibe
* Weizenvollkornbrot, eingeweicht*
* und ausgedrückt*
1 ½ Tassen Walnüsse
⅓ Tasse Olivenöl
¼ TL Salz

Kürbis schälen und in sehr dünne
Scheiben schneiden, die Hälfte
davon in eine gefettete, feuerfeste
Form überlappend schichten. Aus
Knoblauchzehen, Chilischote,
Wein, Essig, Brot und einer Tasse
Walnüsse in der Küchenmaschine
eine feine Soße mixen. Die Hälfte
des Öls langsam eintröpfeln lassen,
bis eine dicke Soße entsteht, eventuell etwas Wasser zufügen. Mit
Salz abschmecken. Die Hälfte der
Soße über den Kürbis geben, dann
die restlichen Kürbisscheiben einschichten. Die verbliebene Soße
darüber verteilen und mit dem
restlichen Öl beträufeln. Bei 200° C
ca. 20 – 30 Minuten lang backen,
bis der Kürbis weich, aber nicht
matschig ist. ½ Tasse Walnüsse grob
hacken, darüber streuen und weitere 10 Minuten lang backen. Warm
oder kalt servieren.

Würzige Champignons

2 Knoblauchzehen
1 Bund Petersilie
500 g kleine Champignons
1 Zitrone
½ Tasse Olivenöl
1 Tasse Weißwein
1 Zweig Thymian
¼ TL Salz
1 Prise schwarzer Pfeffer

Knoblauch und Petersilie fein hakken. Mit den restlichen Zutaten zusammen in einer Pfanne erhitzen und unter Rühren ca. 6 – 10 Minuten lang kochen, bis die Pilze weich sind. Kalt servieren.

Zucchiniblättergemüse

500 g Zucchiniblätter, möglichst
    nach der Zucchini-Ernte
    gepflückt
½ Zitrone
2 EL Olivenöl
¼ TL Salz
1 Prise schwarzer Pfeffer

Zucchiniblätter kleinschneiden und dämpfen, dann gut abkühlen lassen. Aus den restlichen Zutaten ein Dressing rühren und die Zucchiniblätter damit beträufeln.

○ Variante: Gedämpfte Zucchiniblätter können auch heiß, dann allerdings ohne Dressing, serviert werden.

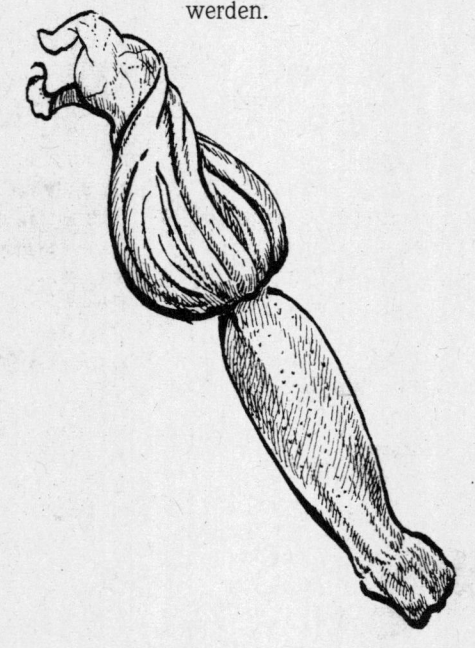

Marinierte Paprikaschoten

8 rote spitze Paprikaschoten
1 Knoblauchzehe, zerrieben
einige Prisen Salz
ca. 3 EL Olivenöl
einige Zitronenspalten

Die ganzen Paprikaschoten gut
einölen und im gut vorgeheizten
Backofen backen oder auf Holzkohle
grillen, bis die Paprika weich sind
und die Haut anfängt, Blasen zu
werfen. Paprika schälen und in
große Stücke schneiden. Knoblauch, Salz und 2 EL Öl vermischen
und vorsichtig unter die Paprika
mischen. Mit Zitronenspalten servieren.

Eingelegter Knoblauch

6 Knoblauchknollen
4 Zweige Thymian
1 TL schwarze Pfefferkörner
2 Streifen Zitronenschale,
  ca. 5 cm lang
½ TL Zitronensaft
3 ½ Tassen Weißweinessig
1 kleine rote Chilischote

Knoblauchzehen schälen und mit
Thymian, Pfeffer und Zitronenschale in ein Glas schichten. Zitronensaft mit Essig mischen und über den
Knoblauch gießen, die Chilischote
obenauf ins Glas geben. Bedeckt an
einem dunklen kühlen Ort 2 Wochen lang fermentieren lassen.

Grün-weiß-roter Salat

2 mittelgroße Rettiche mit Blättern
1 Bund Löwenzahnblätter, klein
  geschnitten
2 Tomaten, gewürfelt
1 große Zwiebel, gewürfelt
¼ TL Salz
1 Prise schwarzer Pfeffer
1 Zitrone, ausgepreßt
2 EL Olivenöl
einige Kalamata-Oliven

Rettichblätter kleinschneiden,
Rettiche in Würfel schneiden.
Zusammen mit Löwenzahn,
Tomaten, Zwiebel in eine Schüssel
geben. Aus Salz, Pfeffer, Zitronensaft und Olivenöl ein Dressing
rühren und gut in den Salat einmischen. Mit Oliven garnieren.

Feigen-Walnuß Dessert

12 getrocknete weiche Feigen
12 Walnüsse
4 EL Honig
4 Prisen Zimt, gemahlen
4 Zitronenspalten

Die Feigen zur Hälfte aufschneiden,
je zwei Walnußhälften hineinstek-
ken und zusammendrücken; in eine
feuerfeste Form legen. Aus Honig,
Zimt und etwas Wasser ein Sirup
rühren und über die Feigen gießen.
Ca. 30 Minuten lang bei 200° C
backen. Mit Zitronenspalten heiß
oder kalt servieren.

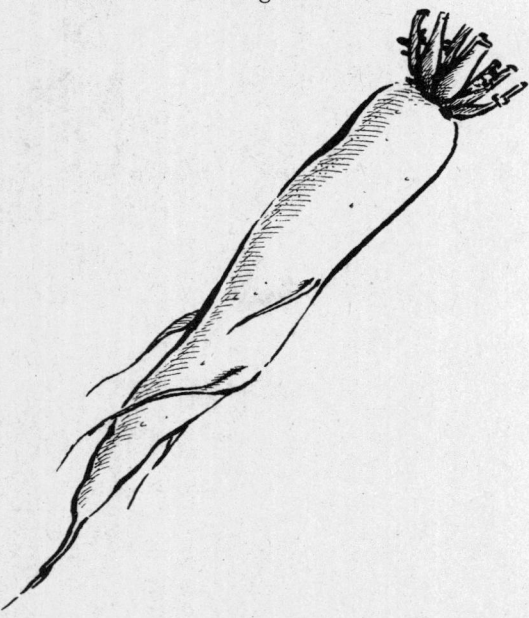

Afrika

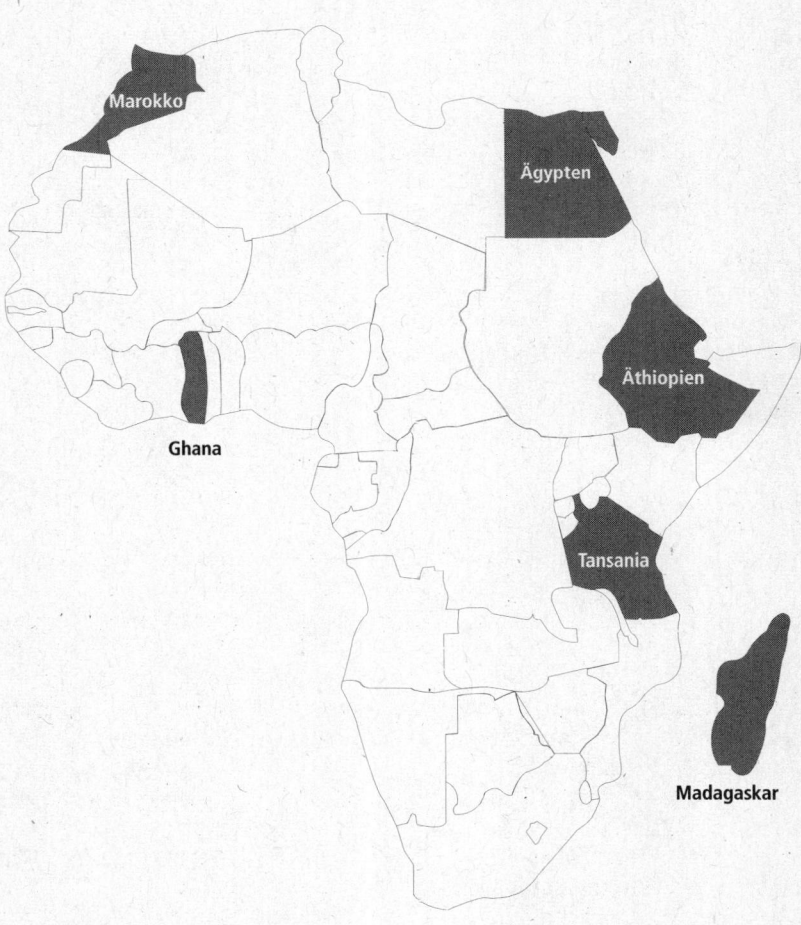

Marokko

Cous Cous

2 Tassen Cous Cous
6 Tassen Wasser
ca. 1 EL Weizenmehl
2 Prisen Salz
ca. 1 EL Olivenöl

Cous Cous in eine große Schüssel geben und mit Wasser übergießen. Mit der Hand schnell umrühren, sofort abgießen und 15 Minuten lang quellen lassen. Zwischen nassen Händen den Cous Cous leicht reiben und in die Schüssel zurückrieseln lassen. Nun mit gespreizten Fingern aufschütteln. Ein Baumwolltuch anfeuchten, mit Mehl bestäuben und der Länge nach zusammendrehen. Ein Dämpfsieb oder ein Sieb, das nur am Boden gelocht ist, auf einen passenden, mit kochendem Wasser gefüllten Topf setzen und den Übergang der beiden Gefäße gut mit dem Tuch abdichten. Das Sieb mit einem dünnen Baumwolltuch auslegen und langsam ca. ein Viertel des Cous Cous einrieseln lassen. Das Ganze 5 Minuten lang unbedeckt dämpfen lassen, dann den restlichen Cous Cous zugeben und weitere 20 Minuten lang dämpfen lassen. Cous Cous in eine große, flache Form füllen und mit einem Holzlöffel ausbreiten. Mit einem

Glas kaltem Wasser besprenkeln und Salz überstreuen. Den Cous Cous vorsichtig rühren und aufschütteln, um etwaige Klümpchen abzubrechen. Zwischen geölten Händen den Cous Cous nochmals leicht reiben und zurückrieseln lassen, dann nochmals ausbreiten und 10 Minuten lang trocknen lassen. Cous Cous in das Sieb zurückgeben und nochmals 20 Minuten lang dämpfen lassen.

○ *Variante:* Statt über Wasser kann Cous Cous z. B. auch über dem Kichererbsen-Gemüsetopf gedämpft werden (siehe Seite 83).

Beim Schlendern durch einen marokkanischen Markt kamen wir mit einem Teppichhändler ins Gespräch. Er lud uns zu Minzetee in seinen Laden ein und erzählte uns dabei – auf Teppichen sitzend – über die faszinierende Welt der Teppiche. Dabei zeigte er uns stolz so manches alte Prunkstück. Leider hatte der nette Teenachmittag auch eine bissige Seite: Wanzen in den Teppichen...

Kichererbsen-Gemüsetopf

1 Tasse Kichererbsen
4 EL Olivenöl
4 Zwiebeln, mittelfein gehackt
1 TL Kreuzkümmel (Kumin)
2 Nelken
¼ TL Muskatnuß, gemahlen
¼ TL schwarzer Pfeffer
2 Knoblauchzehen, fein gewürfelt
1 cm Ingwerwurzel, fein gehackt
1 TL Safran, in etwas warmem
Wasser aufgelöst
½ Zimtstange
2 grüne Kardamomkapseln
½ TL Salz
1 Tasse Kürbis (nicht zu wäßrige
Sorte), in ca. 4 cm große Würfel
geschnitten
1 Tasse Karotten, in ca. 4 cm große
Würfel geschnitten
1 Tasse Zucchini, in ca. 4 cm große
Würfel geschnitten
1 Tasse grüne Bohnen, in ca. 4 cm
große Stücke geschnitten

Kichererbsen nach dem Grundrezept (siehe Seite 10) in ca. 60 Minuten im Dampfdrucktopf garen. Öl in einem großen Topf erhitzen und darin Zwiebeln, Kreuzkümmel, Nelken, Muskat und Pfeffer unter ständigem Rühren sautieren, bis die Zwiebeln eine goldbraune Farbe annehmen. Knoblauch zugeben und kurz unter Rühren mit sautieren, bis er duftet. Kichererbsen mit Kochwasser, Ingwer, Safran, Zimtstange, den geöffneten Kardamom-kapseln und Salz einrühren und bedeckt 30 Minuten lang köcheln lassen. Kürbis zugeben; nach ca. 10 – 15 Minuten (wenn er allmählich weich wird) Karotten zugeben. Nach weiterer 5 – 10 Minuten Zucchini und Bohnen hinzufügen. Bedeckt unter gelegentlichem Rühren ca. 10 – 15 Minuten lang köcheln lassen, bis das Gemüse weich ist. Zwischendurch die Flüssigkeitsmenge kontrollieren. Bei Bedarf etwas Wasser hinzufügen, so daß eine sämige Soße entsteht.

Rote Bete-Kartoffelgemüse

4 große rote Bete
4 Kartoffeln
4 Tomaten, enthäutet und
* gewürfelt*
½ Gemüsezwiebel, fein gehackt
2 Knoblauchzehen, fein gehackt
je 4 EL glatte Petersilie und
* Korianderblätter, fein gehackt*
2 – 3 EL Zitronensaft
8 EL Olivenöl
einige Prisen Chilipulver
¼ TL Salz
1 Prise schwarzer Pfeffer
einige getrocknete schwarze
* Oliven*

Die rote Bete in ca. 60 Minuten, die Kartoffeln in ca. 20 – 30 Minuten weich kochen, schälen und in ca. 1 cm große Würfel schneiden. Die rote Bete mit Tomaten, Zwiebel, Knoblauch, Petersilie und Koriander vermischen. Aus den restlichen Zutaten (bis auf die Oliven) ein Dressing rühren, die Hälfte davon gut in die rote Bete-Mischung einrühren und etwa 30 Minuten lang an einem kühlen Ort ziehen lassen. Das restliche Dressing mit den Kartoffeln mischen, ebenfalls kühl stellen und ziehen lassen. Dann auf einem großen Teller in die Mitte die rote Bete-Mischung arrangieren und die Kartoffeln ringförmig drumherum legen. Vor dem Servieren mit den Oliven garnieren.

Kürbis-Okragemüse

2 EL Olivenöl
1 Zwiebel, grob gehackt
1 frische rote Chilischote
1 Tasse Gemüsebrühe oder Wasser
je einige Prisen frischer Thymian
* und gemahlener Safran*
¼ TL Salz
1 kg Kürbis (nicht zu wäßrige
* Sorte), in ca. 5 cm große Würfel*
* geschnitten*
250 g Okra, entstielt

Öl in einem großen, tiefen Topf erhitzen und Zwiebel darin glasig sautieren. Chilischote zugeben und unter Rühren kurz mit sautieren. Gemüsebrühe bzw. Wasser angießen, Gewürze und Salz einrühren und Kürbis zugeben. Bedeckt ca. 10 – 15 Minuten lang köcheln lassen, bis der Kürbis halb weich ist. Okra zugeben und bedeckt weitere ca. 15 – 20 Minuten lang köcheln lassen, bis das Gemüse weich und fast alle Flüssigkeit eingedickt ist.

Gegrilltes Paprika-Tomatengericht

je 2 rote und grüne Paprikaschoten
4 große Fleischtomaten
ca. 1 EL Olivenöl
2 Knoblauchzehen, fein gehackt
¼ TL Salz
je einige Prisen Chilipulver und
* Kreuzkümmel (Kumin)*
1 Prise schwarzer Pfeffer
1 Bund Petersilie, fein gehackt
1 eingelegte Zitrone

Paprikaschoten und Tomaten leicht mit Öl einpinseln und möglichst auf Holzkohle langsam ca. 30 Minuten lang – unter mehrmaligem Umdrehen – grillen, bis sie weich sind, die Haut Blasen wirft und braun ist. Etwas abkühlen lassen, schälen, entkernen und das Fleisch in breite Streifen oder große Würfel schneiden. Knoblauch, Salz, Gewürze und Petersilie vorsichtig einmischen und bedeckt an einem kühlen Ort einige Stunden lang ziehen lassen. Vor dem Servieren etwaige Flüssigkeit abgießen. Die Schale der eingelegten Zitrone in dünne Streifen schneiden und das Ganze damit garnieren.

Säuerlich-scharfes grünes Blattgemüse

je ein kleinersBund glatte Petersilie
* und Korianderblätter, klein*
* geschnitten*
4 Knoblauchzehen
¼ TL Salz
4 EL Olivenöl
1 kg Portulak, ersatzweise Rucola
½ TL Paprikapulver, süß
einige Prisen Chilipulver
1 Zitrone
1 eingelegte Zitrone
einige getrocknete schwarze
* Oliven*

Petersilie und Koriander mit Knoblauch und Salz im Mörser zu einer Paste zerreiben. Öl in einer großen Pfanne erhitzen und die Paste darin vorsichtig unter ständigem Rühren ca. 2 – 3 Minuten lang sautieren, ohne sie anbrennen zu lassen. Blätter zugeben und langsam mit sautieren, bis alle Flüssigkeit verdunstet ist; nun die Blätter klein hacken. Paprika und Chilipulver gut einmischen, abkühlen lassen. Vor dem Servieren nach Belieben Zitronensaft übersprenkeln und mit Oliven garnieren. Die Schale der eingelegten Zitrone in sehr feine Streifen schneiden und das Ganze damit garnieren.

Scharfe Paste

1 Tasse frische rote Chilischoten,
sehr fein gehackt
4 Knoblauchzehen, sehr fein
gehackt
3 – 4 EL Olivenöl
je 2 ½ TL gemahlener Kümmel,
Koriander und
Kreuzkümmel (Kumin)
½ TL Salz

Chilischoten und Knoblauchzehen
im Mörser nicht zu fein zerreiben
und mit den restlichen Zutaten gut
vermischen. Diese Paste wird traditionell zu allen Gerichten serviert.

○ *Variante:* Wer es nicht so scharf
mag, kann nur 1 Chilischote verwenden und den Rest durch rote
Paprikaschoten ersetzen.

Eingelegte Zitronen

6 Zitronen
ca. 3 EL Salz
6 Koriandersamen
4 schwarze Pfefferkörner
1 Lorbeerblatt

Zitronen 3 Tage lang in lauwarmem
Wasser einweichen; Wasser täglich
wechseln. Dann die Zitronen längs
vierteln, aber nicht ganz durchschneiden, sondern nur bis auf
ca. 1 cm, so daß die Viertel noch
verbunden bleiben. Das Innere der
Zitronen gut mit Salz einreiben und
die Früchte wieder zusammendrük-
ken. In ein Glas 1 EL Salz geben,
dann die Zitronen einschichten,
dabei auf jede Schicht Salz und die
Gewürze sprenkeln. Die Zitronen
drücken, so daß sie Saft abgeben,
bis sie bedeckt sind. Eventuell mit
etwas Zitronensaft auffüllen.
Ca. 1 cm vom Glasrand freilassen
und das Glas fest verschließen.
30 Tage lang an einem warmen Ort
stehen lassen und täglich schütteln.
Vor dem Servieren die Zitronen gut
abwaschen und das Innere entfernen.

Süßer Karottensalat

1 Orange
1 Zitrone
1 – 2 EL Orangenblütenwasser
1 Prise Salz
1 Prise schwarzer Pfeffer
8 Karotten, in feine Stäbchen
geschnitten

Saft einer Orange und einer Zitrone
mit Orangenblütenwasser, Salz und
Pfeffer zu einem Dressing rühren
und gut in die Karotten einmischen.

Pfirsichdessert

4 Pfirsiche, in ca. ½ cm dicke
Spalten geschnitten
3 EL Honig
3 TL Rosenwasser
einige Minzeblätter

Pfirsiche auf einem Teller schön
anrichten. Honig mit Rosenwasser
verrühren und über die Pfirsiche
geben. Ca. 2 Stunden lang bedeckt
an einem kühlen Ort ziehen lassen.
Vor dem Servieren mit Minzeblät-
tern garnieren.

○ *Variante:* Rosenwasser durch
Orangenblütenwasser ersetzen. Zu
diesem Dessert kann auch Joghurt
serviert werden.

Ägypten

Knusprige Fladen

*500 g Kamutvollkornmehl,
ersatzweise Weizenvollkornmehl
ca. 1 Tasse lauwarmes Wasser*

Mehl mit so viel Wasser mischen,
daß ein fester Teig entsteht; diesen
gut kneten und 30 – 60 Minuten
lang ruhen lassen. Teig in 8 Stücke
teilen und in ca. 3 mm dünne
Scheiben von ca. 20 – 25 cm
Durchmesser ausrollen. Auf ein mit
Mehl bestäubtes Backblech legen
und bei 200° C ca. 10 – 12 Minuten lang backen. In einem Tongefäß
mit Deckel oder in einer Blechdose
sind die Fladen monatelang haltbar.

○ *Variante:* Für den baldigen Ver-
brauch wird oft folgende
Brotvariante bevorzugt:

Gesäuerte Fladen

*525 g Kamutvollkornmehl
ca. ½ EL Erdnußöl
ca. knapp 3 Tassen lauwarmes
Wasser
¼ TL Salz
ca. 2 EL gelber Sesam, ungeschält*

125 g Kamutmehl in eine Schüssel
sieben, Öl und ca. ½ – ¾ Tasse
lauwarmes Wasser einrühren,
so daß ein glatter Teig entsteht.
1 – 2 EL Wasser einkneten und ca.
10 – 15 Minuten lang weiterkne-
ten, bis der Teig glänzend und ela-
stisch ist. Einen Ball formen, mit
etwas Mehl besprenkeln und in
eine leicht geölte Schüssel legen.
Bedeckt an einem warmen Ort ca.
12 – 24 Stunden lang aufgehen
lassen, bis er sein Volumen verdop-
pelt hat. Das restliche Mehl und
Salz in eine Schüssel sieben, den
gesäuerten Teig zugeben und nach
und nach ca. knapp 2 Tassen lauwarmes Wasser einmischen, bis ein
glatter elastischer Teig entsteht.
Den Teig gut schlagen und anschließend ca. 10 – 20 Minuten lang
kneten, bis ein fester Teig entstanden ist, der nicht mehr an der
Schüsselwand klebt. Den Teig in
3 gleichgroße Stücke teilen.
Mit eingeölten Händen Bällchen
formen, diese mit etwas Mehl bestäuben und flach drücken, so daß
etwa 5 cm dicke Fladen mit einem
Durchmesser von ca. 13 cm entstehen. Fladen auf ein mit Mehl bestäubtes Backblech legen, mit
einem Tuch bedecken und an einem warmen Ort aufgehen lassen,
bis sie auf Fingerdruck zurücksprin-
gen. Mit einer Gabel einige Male
einstechen und mit Sesam bestreu-
en. Bei 200° C ca. 50 Minuten lang
backen, bis sie eine goldene Farbe
angenommen haben und knusprig
sind.

Gebackene Bohnen

2 Tassen getrocknete
  Favabohnenkerne
4 Tassen Wasser
4 Knoblauchzehen
¼ TL Salz
4 EL Olivenöl
½ Zitrone

Bohnen nach dem Grundrezept (siehe Seite 10) blanchieren. Mit dem Wasser in eine feuerfeste Form geben und bedeckt im Backofen bei 120° C mindestens 4 bis maximal 7 Stunden lang garen, bis die Bohnen weich sind und das Wasser absorbiert ist. Knoblauch mit Salz zerreiben, mit dem Öl mischen und über die Bohnen geben. Dieses Gericht wird traditionell warm zum Frühstück oder später am Tag kalt mit Zitronenspalten serviert.

Sonniger Gemüsetopf

4 Tassen Okra
8 EL Olivenöl
5 Zwiebeln, fein gehackt
4 Knoblauchzehen, fein gehackt
1 EL Koriander, gemahlen
5 Eiertomaten, enthäutet und sehr
  fein gehackt oder püriert
½ TL Salz
1 Prise schwarzer Pfeffer
2 Kartoffeln, in ca. 4 cm große
  Würfel geschnitten
2 große Karotten, in ca. 4 cm große
  Würfel geschnitten
1 EL Zitronensaft
1 EL Korianderblätter, fein gehackt

Stiele der Okra abschneiden. Okra in 3 EL Öl ca. 5 Minuten lang leicht sautieren. Das restliche Öl in einem großen Topf erhitzen und Zwiebeln darin unter Rühren glasig sautieren, dann Knoblauch und Koriander zugeben und unter Rühren ca. 1 Minute lang mit sautieren. Tomaten, Salz und Pfeffer einrühren und bedeckt ca. 30 Minuten lang köcheln lassen. Ca. 1 Tasse Wasser und Kartoffeln zugeben und bedeckt ca. 15 – 20 Minuten lang köcheln lassen, bis die Kartoffeln halb weich sind. Karotten und nach weiteren ca. 5 – 10 Minuten Okra zugeben. Bedeckt weitere ca. 5 Minuten lang köcheln lassen, bis das Gemüse weich ist. Mit Zitronensaft und den Korianderblättern abschmecken.

89

Gefülltes Gemüse

ca. 4 Tassen gekochter,
  ungeschälter Langkornreis
2 Tomaten, enthäutet und püriert
1 Bund Minze, fein gehackt
¼ TL Salz
4 kleine hellgrüne Paprikaschoten
4 sehr kleine Auberginen
4 kleine, nicht zu dünne Zucchini
6 EL Olivenöl
1 EL Zitronensaft

Reis mit Tomaten, Minze und Salz
vermischen. Paprikaschoten, Auberginen und Zucchini aushöhlen und
die Reismischung einfüllen. Öl in
einem großen, flachen Topf leicht
erhitzen und das gefüllte Gemüse
darin vorsichtig von allen Seiten
leicht anbraten. Etwas Wasser und
den Zitronensaft zugeben und bedeckt bei geringer Hitze ca.
20 – 30 Minuten lang schmoren
lassen, bis das Gemüse weich ist.

Würziger Tomatenspinat

500 g Spinat
5 Eiertomaten, enthäutet und sehr
  fein gehackt oder püriert
¼ TL Salz
6 Zwiebeln, gehackt
6 Knoblauchzehen
7 Lorbeerblätter
7 grüne Kardamomkapseln
3 TL Koriander, gemahlen
4 EL Olivenöl

Spinat in lange dünne Streifen
schneiden und in kochendem Wasser 1 Sekunde lang blanchieren.
2 Tassen Wasser zum Kochen bringen, Tomaten und Salz zugeben
und bedeckt ca. 30 Minuten lang
köcheln lassen. 4 Zwiebeln,
4 ganze Knoblauchzehen und die
Gewürze zugeben und ca. 1 Minute lang köcheln lassen. Spinat einrühren und einmal aufkochen
lassen. Öl in einer Pfanne erhitzen,
die restlichen Zwiebeln und Knoblauch in lange Streifen schneiden
und darin unter Rühren in ca.
5 Minuten braun und knusprig
braten. Vor dem Servieren über den
Spinat geben.

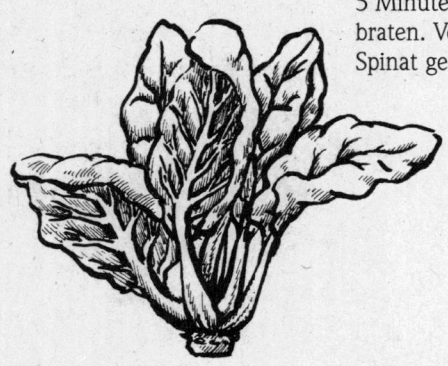

Karottendip

500 g Karotten
3 Knoblauchzehen
2 EL Zitronensaft
4 EL Olivenöl
2 TL Kreuzkümmel (Kumin)
½ TL Chilipulver
½ TL Salz
1 EL glatte Petersilie, grob gehackt

Karotten in ca. 10 – 20 Minuten weich kochen, abgießen und mit einer Gabel zerdrücken oder in der Küchenmaschine nicht zu fein pürieren. Die restlichen Zutaten bis auf die Petersilie einrühren und gut mischen. Mit Petersilie garnieren und zu Brot servieren.

Auberginen-Tahinmus

3 Auberginen
ca. 2 EL Olivenöl
1 ½ EL Tahin
2 Knoblauchzehen
2 – 4 EL Zitronensaft
½ TL Kreuzkümmel (Kumin)
½ TL Salz

Auberginen einölen und auf Holzkohle grillen oder im Backofen bei 200° C ca. 45 – 60 Minuten lang backen, bis sie sehr weich sind und zusammenfallen. Die etwas abgekühlten Auberginen schälen und mit allen übrigen Zutaten in der Küchenmaschine fein pürieren. Dieses Mus wird traditionell zu allen Speisen mit Brot gereicht.

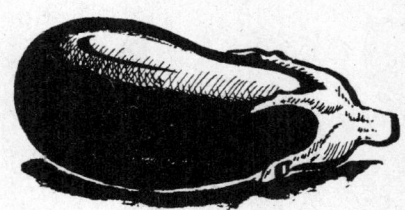

Eingelegte rosa Wurzeln Petersiliensalat

1 kg Teltower Rübchen
  (Mairübchen, Navets)
1 rote Bete
1 Knoblauchzehe
4 EL Salz
1 ½ Tassen Weißweinessig
4 ½ Tassen Wasser

Wurzeln in ca. 3 x 5 cm große
Stücke schneiden, in ein Glas
schichten und die Knoblauchzehe
zugeben. Salz in Essig und Wasser
gut auflösen und über das Gemüse
gießen, bis dieses bedeckt ist. Glas
fest verschließen und ca. 4 Wochen
lang an einem nicht zu kühlen Ort
fermentieren lassen.

1 Zwiebel, fein gehackt
1 Tomate, fein gehackt
4 große Bunde glatte Petersilie,
  fein gehackt
2 – 4 EL Bulgur, gekocht
1 – 2 Zitronen
¼ TL Salz
2 EL Olivenöl

Zwiebel, Tomate und Petersilie
mit Bulgur, Zitronensaft, Salz und
Olivenöl gut mischen.

Granatapfeldessert

8 Granatäpfel
4 – 6 EL Honig
1 – 2 Tassen Wasser
2 Limetten
2 EL Rosenwasser

Das Innere der Granatäpfel durch
ein nicht zu feines Sieb streichen,
mit Honig, Wasser, Limettensaft
und Rosenwasser mischen und vor
dem Servieren einige Stunden lang
kühl stellen.

Äthiopien

Fermentierter Fladen

250 g Tefmehl, ersatzweise
125 g Weizenvollkornmehl und
125 g Hirsemehl
½ l Wasser
ca. 1 EL Erdnußöl

Mehl in eine Schüssel sieben und mit dem Wasser sorgfältig vermischen. Unbedeckt 2 – 3 Tage lang an einem warmen Ort sauer fermentieren lassen. An die Oberfläche gestiegenes Wasser abgießen. ½ Tasse des Teiges mit etwas Wasser verdünnen und vorsichtig unter ständigem Rühren bei mittlerer Hitze aufkochen, bis die Masse andickt, abkühlen lassen und mit etwas kaltem Wasser gut in den restlichen Teig einrühren. Den Teig bedeckt an einem warmen Ort aufgehen lassen. Eine Pfanne leicht erhitzen und mit sehr wenig Öl auspinseln. Den Teig kreisförmig von außen nach innen in die Pfanne gießen, Deckel aufsetzen und bei geringer Hitze einige Minuten lang von einer Seite garen lassen; nicht braun backen. Wenn der Rand der Fladen leicht anschwillt, sind die Fladen gar.

Scharfe Linsen

2 Tassen rote Linsenhälften
2 EL Olivenöl
1 große Zwiebel, mittelfein gehackt
2 TL scharfe Gewürzpaste
2 Knoblauchzehen, zerrieben
¼ TL Salz

Linsen nach dem Grundrezept (siehe Seite 10) in ca. 1 ½ – 2 Stunden in einem normalen Topf garen. Öl in einem flachen Topf erhitzen und Zwiebel darin sautieren, bis sie eine goldene Farbe annimmt. Gewürzpaste und Knoblauch zugeben und unter Rühren ca. 2 Minuten lang mit sautieren. Etwas Wasser angießen, Linsen und Salz einrühren. Vorsichtig zum Kochen bringen und einige Minuten lang unter Rühren köcheln lassen, so daß eine sämige Masse entsteht.

Würzige Yam-Fritters

1 kg Yam
1 kleine Zwiebel, sehr fein gehackt
1 TL Chilipulver
¼ TL Salz
ca. ½ l Erdnußöl

Yam schälen und fein reiben. Zwiebel, Chilipulver und Salz gut einmischen. Falls die Masse zu feucht ist, etwas Reismehl einrühren. Kleine Portionen fritieren, bis sie knusprig und golden sind.

Bunter Gemüsetopf

2 Kartoffeln
3 EL Olivenöl
3 Zwiebeln, geachtelt
3 Karotten, in ca. 4 cm große
  Stücke geschnitten
1 kleiner Weißkohl, in ca. 4 cm
  große Stücke geschnitten
2 Tassen grüne Bohnen, ganz
4 frische grüne, milde
  Chilischoten, längs halbiert
¼ TL Gelbwurz, gemahlen
  (Kurkuma)
¼ TL Salz

Kartoffeln in ca. 15 – 25 Minuten
halb weich kochen. Öl in einem
großen Topf erhitzen und Zwiebeln
darin glasig sautieren. Kartoffeln in
ca. 4 cm große Stücke schneiden.
Zusammen mit Karotten, Weißkohl,
Bohnen, Chilischoten, Gelbwurzpulver und Salz zu den Zwiebeln
geben und unter Rühren ca. 5 Minuten lang bei geringer Hitze sautieren. Etwas Wasser zugeben und
bedeckt unter gelegentlichem Rühren ca. 25 – 35 Minuten lang köcheln lassen, bis das Gemüse schön
weich ist.

Gelbes Erdnußgemüse

2 EL Erdnußöl
1 Zwiebel, gewürfelt
1 TL scharfe Gewürzpaste
3 EL Erdnußmus
3 Tassen Wasser
¼ TL Salz
1 Maiskolben, in ca. 3 cm dicke
  Scheiben geschnitten
2 mittelreife Kochbananen,
  diagonal in ca. 3 cm große
  Stücke geschnitten
2 Tassen Kürbis (nicht zu wäßrige
  Sorte), in ca. 3 cm große Würfel
  geschnitten
1 Tomate, enthäutet und fein
  gewürfelt

Öl in einem großen Topf erhitzen
und die gewürfelte Zwiebel darin
unter Rühren einige Minuten lang
glasig sautieren. Gewürzpaste einige Minuten lang vorsichtig mit
sautieren. Erdnußmus, Wasser und
Salz sorgfältig einrühren und zum
Kochen bringen. Maiskolben,
Kochbananen, Kürbis und Tomate
zugeben und bedeckt ca.
20 – 30 Minuten lang köcheln
lassen, bis das Gemüse sehr weich
ist.

Scharfer Grünkohl

500 g Grünkohl
3 EL Olivenöl
2 kleine rote Zwiebeln,
  fein gehackt
1 Knoblauchzehe, zerdrückt
1 – 2 frische grüne Chilischoten, in
  feine Ringe geschnitten
½ – 1 Tasse Gemüsebrühe oder
  Wasser
1 cm Ingwerwurzel, gerieben
¼ TL Salz
1 Prise schwarzer Pfeffer

Grünkohlblätter von den Stielen
entfernen und die Blätter fein hakken. Öl in einem großen, flachen
Topf erhitzen und Zwiebeln darin
leicht sautieren, bis sie eine goldene
Farbe annehmen. Knoblauch zugeben und vorsichtig unter ständigem
Rühren einige Minuten lang mit
sautieren. Chilischoten und Gemüsebrühe bzw. Wasser zugeben und
2 Minuten lang köcheln lassen.
Grünkohlblätter, Ingwer, Salz und
Pfeffer einrühren und bedeckt ca.
10 – 20 Minuten lang köcheln
lassen, bis der Kohl weich ist.

Scharfe Gewürzpaste

3 EL Zimt, gemahlen
2 EL Kardamomsamen
2 EL Nelken, zerdrückt
1 Prise Salz
1 ½ Tassen grüne Chilischoten,
  klein gehackt
2 rote Zwiebeln, klein gehackt
1 Knoblauchzehe, klein gehackt
1 Bund Basilikum, klein gehackt
7 cm Ingwerwurzel, gerieben
1 EL Gartenraute-Samen
  (rue seeds)
3 EL Geißfuß-Blätter (Giersch)
3 Tassen Wasser

Zimt, Kardamom, Nelken und Salz
in einer ungefetteten Pfanne leicht
rösten und im Mörser fein zerreiben. Die restlichen Zutaten bis auf
das Wasser zerstampfen, mit der
Gewürzmischung verrühren und
mit dem Wasser bedecken.
12 Stunden lang in der Sonne leicht
fermentieren lassen, dann abschütten und auf einer großen Platte
ausgebreitet trocknen lassen. In der
Kaffeemühle fein zermahlen. Diese
Mischung ist in einem gut verschlossenen Glas im Kühlschrank
mehrere Wochen lang haltbar.

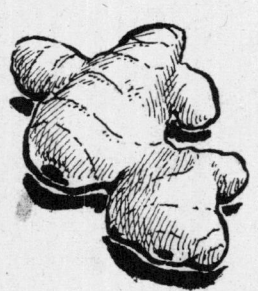

Salat mit gekochten Kartoffeln

2 Kartoffeln
1 – 2 Limetten, ersatzweise
   1 Zitrone
1 EL Erdnußöl
¼ TL Salz
einige Prisen Paprikapulver
einige Prisen Kreuzkümmel
   (Kumin)
1 Prise schwarzer Pfeffer
1 Kopfsalat, zerpflückt
3 Tomaten, in Scheiben
   geschnitten
2 rote Zwiebeln, in Ringe
   geschnitten

Kartoffeln in ca. 20 – 30 Minuten weich kochen, schälen, vierteln und einige Stunden lang in einem Dressing aus Limettensaft, Öl, Salz und Gewürzen ziehen lassen. Dann mit Salatblättern, Tomaten und Zwiebeln vorsichtig vermischen.

Gekochte Mangos in Kokosmilch

4 nicht überreife Mangos
2 Tassen dicke Kokosmilch
1 Tasse Wasser
2 EL Palmzucker
½ TL Koriander, gemahlen
1 Prise Zimt, gemahlen

Mangos schälen und das Fruchtfleisch in möglichst großen Streifen vom Kern schneiden. Kokosmilch und Wasser vorsichtig zum Kochen bringen, die Mangoscheiben darin bedeckt ca. 10 Minuten lang köcheln lassen und dann auf Portionstellern arrangieren. Palmzucker in etwas warmem Wasser auflösen, mit den Gewürzen zu der Soße geben und unbedeckt köcheln lassen, bis die Soße leicht andickt. Über die Mangos geben und gekühlt servieren.

Ghana

Fermentierte Maisknödel

4 Tassen Mais, mittelfein gemahlen
4 Prisen Salz
einige getrocknete
* Maiskolbenblätter*

Die Hälfte des Maismehls mit lauwarmem Wasser zu einem nicht zu dünnflüssigen Brei verrühren. Mindestens 3 Tage lang an einem warmen Ort sauer fermentieren lassen. Dann unter ständigem Rühren vorsichtig zum Kochen bringen und sehr leicht köcheln lassen. Ständig rühren, bis sich die Masse vom Topfrand löst und sich ein Kloß formt. Topf von der Feuerstelle nehmen. Den restlichen Mais mit frischem Wasser zu einem nicht zu dünnflüssigen Brei rühren und zusammen mit Salz sorgfältig in den Kloß einarbeiten. Von dem entstandenen Teig Bällchen mit einem Durchmesser von ca. 7 cm formen. Getrocknete Maiskolbenblätter leicht überlappend parallel nebeneinander rund um jedes Bällchen andrücken, auf beiden Seiten die Enden miteinander verzwirbeln und sie mit einem Finger tief in die Knödel hineinstecken. Knödel ca. 1 Stunde lang köcheln lassen oder dämpfen. Diese Knödel sind mehrere Tage lang haltbar und können wieder aufgedämpft werden.

Palmnußmustopf

250 g Seitan
2 EL rotes Palmöl, unraffiniert
2 Zwiebeln, in Halbmonde
* geschnitten*
1 frische, rote Chilischote
¼ TL Salz
500 ml Palmnußmus (bzw.
* »Palmnußsuppe«)*

Mögliche Flüssigkeit aus dem Seitan ausdrücken und diesen in ca. 3 cm große Stücke schneiden. Öl in einem großen, flachen Topf erhitzen, Zwiebeln darin unter gelegentlichem Rühren sautieren, bis sie Blasen bilden, dann Chilischote und nach einigen Minuten Seitan zugeben und das Ganze einige Minuten lang unter Rühren sautieren. Salz, Palmnußmus und die gleiche Menge Wasser zugeben. Unter gelegentlichem Rühren ca. 20 – 30 Minuten lang leicht bedeckt köcheln lassen, bis die Soße etwas eingedickt ist.

Gestampfte Cassava mit Kochbanane

1 kg Cassava
1 grüne unreife Kochbanane

Cassava und Kochbanane schälen und mit Salzwasser aufsetzen, zum Kochen bringen und ca. 20 Minuten lang garen, bis sie weich sind. Cassava und Kochbanane gut stampfen, bis eine glatte homogene Masse entsteht; eventuell etwas Wasser zugeben.

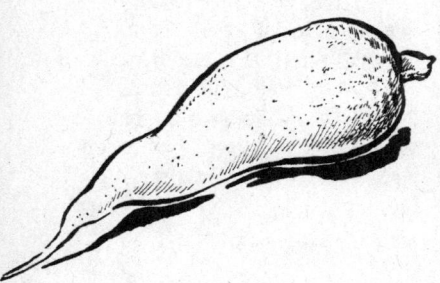

Gemüse in Erdnußsoße

1 EL rotes Palmöl, unraffiniert
1 große Zwiebel, gehackt
1 frische rote Chilischote
2 Eiertomaten, enthäutet und
  kleingewürfelt
1 Tasse Erdnußmus
½ TL Salz
4 Tassen Okra, entstielt
6 – 8 »gardeneggs«, je nach Größe
  geviertelt oder halbiert

Öl in einem großen, flachen Topf erhitzen und Zwiebel darin sautieren, bis sie Blasen bildet; Chilischote einige Minuten lang mit sautieren. Tomaten zugeben und nach einigen Minuten Sautieren Erdnußmus, Salz und so viel Wasser zufügen, daß eine relativ dünne Soße entsteht. Unter gelegentlichem Rühren leicht bedeckt ca. 20 – 30 Minuten lang leicht köcheln lassen, bis sich Öl an der Oberfläche absetzt und die Soße eine sämige Konsistenz bekommt. Okra und »gardeneggs« zufügen und in ca. 15 Minuten leicht bedeckt weich garen.

Gekochte Maiskolben

4 Maiskolben, möglichst
*   ungeschält*
1 kleine Kokosnuß

Maiskolben in ca. 10 – 20 Minuten
weich kochen oder dämpfen. Schale am oberen Ende lösen und zum
Stengel hinunterziehen, dort zu-
sammenknoten und die heißen
Maiskolben in Salzwasser tauchen.
Kokosnußfleisch in dünne Streifen
schneiden, auf Eiswürfeln anrichten
und zusammen mit den Maiskolben
servieren.

Melonenkernpaste

1 Tasse getrocknete Melonenkerne,
*   gemahlen (egusi)*
1 EL Erdnußöl
1 kleine Zwiebel, fein gehackt
1 Prise Salz

Melonenkernmehl mit Wasser zu
einer Paste rühren. Öl in einem
kleinen flachen Topf erhitzen und
Zwiebel darin glasig sautieren. Salz
und Melonenkernpaste zugeben
und unter gelegentlichem Rühren
ca. 20 Minuten lang vorsichtig
leicht bedeckt köcheln lassen.

○ *Variante:* Melonenkernpaste mit
Cassavablättergemüse (siehe nach-
folgendes Rezept) zubereiten. Vor
den Blättern die Paste in die Zwie-
bel-Tomaten-Mischung einrühren.
Dann etwas Gemüsebrühe bzw.
Wasser zugeben und 20 Minuten
lang köcheln lassen. Blätter zugeben und einige weitere Minuten
lang köcheln lassen.

In Ghana ist es traditionell üblich, ein lebendes Huhn als Gastgeschenk
mitzubringen. Als ich einmal in einem wunderschönen grünen, gebirgigen Gebiet
im Süden des Landes eingeladen wurde, wußte ich nicht, wo ich ein Huhn
herbekommen sollte. Meinem Gastgeber erzählte ich in meiner Not, ich bräuchte
ein Huhn für Verwandte eines Freundes, die ich später in der nahegelegenen
Stadt besuchen wollte. Freundlicherweise ging er mit mir ein Huhn kaufen.
Er suchte es aus und trug es auch zu sich nach Hause, wo ich ihm dann
eröffnete, daß das Huhn als Gastgeschenk für ihn gedacht sei.
Er war sehr höflich, tat überrascht, lachte und bedankte sich, obgleich allen klar
war, daß er die Geschichte von Anfang an durchschaut hatte!

Cassavablättergemüse

20 Cassava- oder Cocoyamblätter,
ersatzweise Spinat
2 EL rotes Palmöl, unraffiniert
1 große Zwiebel, gehackt
1 frische rote Chilischote
3 Eiertomaten, enthäutet und
kleingewürfelt
½ TL Salz

Blätter in kochendem Wasser ca. 2 – 5 Minuten lang blanchieren, bis sie weich sind. Nach Belieben klein schneiden oder fein hacken. Öl in einem großen, flachen Topf erhitzen und Zwiebel darin einige Minuten lang unter gelegentlichem Rühren sautieren, bis sie Blasen bildet. Chilischote einige Minuten lang mit sautieren. Tomate und Salz zugeben und unter gelegentlichem Rühren einige Minuten lang sautieren. Blätter untermischen und einige Minuten lang köcheln lassen.

Chilipaste

1 Tasse frische rote Chilischoten,
klein gehackt
1 Tomate, klein gehackt
1 kleine Zwiebel, klein gehackt
1 EL Erdnußöl
¼ TL Salz

Chilischoten im Mörser fein pürieren. Tomate und Zwiebel zugeben und ebenfalls fein zerreiben. Öl und Salz einmischen. Diese Paste wird als Beigabe zu jeder Mahlzeit gereicht, insbesondere zu Maisknödeln.

Avocadosalat

2 Avocados
2 EL Zitronensaft
2 EL Erdnüsse, in der Schale
  geröstet
1 Prise Chilipulver
1 Prise Salz

Avocadofleisch in ca. 1 cm große
Würfel schneiden und mit Zitronen-
saft besprenkeln. Erdnüsse in der
Küchenmaschine grob mahlen, mit
Chilipulver und Salz vermischen
und über die Avocados geben.

Kokosnußpudding

2 Kokosnüsse
3 Tassen kochendes Wasser
1 Tasse Tapioka
ca. ½ Tasse Palmzucker
2 Limetten, ausgepreßt

Kokosnußfleisch fein reiben. (Falls
nur getrocknete Kokosraspel erhältlich sind, diese mit kochendem
Wasser übergießen, bis sie gerade
bedeckt sind, und über Nacht einweichen.) Kokosraspel in der Küchenmaschine mit 3 Tassen
kochendem Wasser bei hoher Geschwindigkeit einige Minuten lang
mixen. Die Masse in einem großen
Topf zum Kochen bringen. Palmzucker in wenig Wasser auflösen
und durch ein feines Sieb geben.
Tapioka, Palmzucker und Limettensaft zugeben. Unter ständigem
Rühren vorsichtig ca. 5 Minuten
lang köcheln lassen, bis die Masse
andickt. Gekühlt servieren.

Tansania

Fermentierter Maisbrei

*2 Tassen Mais,
  mittelfein gemahlen*

Maismehl mit lauwarmem Wasser zu einem mitteldünnen Brei verrühren und 2 – 3 Tage lang an einem warmen Ort leicht fermentieren lassen. Den Brei unter ständigem Rühren vorsichtig zum Kochen bringen und sehr leicht köcheln lassen, bis sich die Masse vom Topfrand löst und der Mais gargekocht ist. Topf bedecken, von der Feuerstelle nehmen und den Brei vor dem Servieren einige Minuten lang quellen lassen.

Schwarzaugenbohnen

*2 Tassen getrocknete
  Schwarzaugenbohnenkerne
2 Zwiebeln, sehr fein gehackt
3 Eiertomaten, enthäutet und
  sehr fein gehackt
2 – 4 frische rote Chilischoten,
  im Mörser zerrieben
¼ TL Salz
¾ Tasse rotes Palmöl, unraffiniert
einige Bananenblätter, ersatzweise
  Baumwolltuch*

Bohnen über Nacht in Wasser einweichen, Schalen abreiben und die Bohnen erneut mit Wasser bedecken. Die Schalen schwimmen dann an der Oberfläche und können abgeschöpft werden. Den Vorgang wiederholen, bis alle Bohnen geschält sind. Bohnen eine weitere Nacht lang einweichen und dann in der Küchenmaschine pürieren. Zwiebeln, Tomaten, Chilischoten und Salz in das Bohnenpüree einmischen. ½ Tasse Wasser in das Öl gießen und gut in das Püree einmischen. Nun möglichst viel Luft in die Masse hineinschlagen. Je 2 Bananenblätterstreifen kreuzförmig übereinanderlegen, in die Mitte je ca. 2 EL Püree geben und die Blätter wie einen Briefumschlag schließen. In ein Dämpfsieb legen und in ca. 1 Stunde über köchelndem Wasser gar dämpfen. Mit scharfer Tomatensoße servieren.

○ *Variante:* Weder Öl noch Tomaten in das Püree geben; statt dessen löffelweise Portionen in Erdnußöl knusprig fritieren.

Gekochte Cocoyam

*4 Cocoyam, ersatzweise ca. 15 cm
   Cassava oder Yam*

Knollen schälen, in sehr große
Stücke schneiden und in kaltem
Wasser aufsetzen. Leicht bedeckt
ca. 20 – 30 Minuten lang köcheln
lassen, bis die Knollen weich sind.

Gemüse in Kokosmilch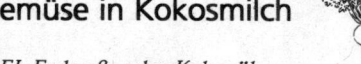

*4 EL Erdnuß- oder Kokosöl
2 Zwiebeln, gewürfelt
1 frische rote Chilischote
2 Tassen Kokosmilch
¼ TL Salz
2 Tassen Süßkartoffeln, in ca. 4 cm
   große Würfel geschnitten
2 Tassen Kürbis (nicht zu wäßrige
   Sorte), in ca. 4 cm große Würfel
   geschnitten
4 reife Kochbananen, halbiert*

Öl in einem großen, flachen Topf
erhitzen und die gewürfelten
Zwiebeln darin glasig sautieren;
Chilischote kurz mit sautieren.
Kokosmilch und Salz einrühren und
zum Kochen bringen. Süßkartoffeln
und Kürbis zugeben. Bedeckt ca.
10 – 15 Minuten lang köcheln
lassen, bis das Gemüse fast weich
ist. Kochbananen zugeben und
weitere ca. 10 – 15 Minuten lang
leicht bedeckt köcheln lassen, bis
das Gemüse weich und die Soße
etwas eingedickt ist.

Kochbananen in Tomaten-Kokossoße

*150 g Seitan
1 Zwiebel, gewürfelt
1 – 2 frische rote Chilischoten
4 Eiertomaten, enthäutet und
   kleingehackt
1 ½ EL Kokoscreme
1 TL weißer Pfeffer
6 grüne, unreife Kochbananen,
   diagonal in ca. 1 ½ – 2 cm dicke
   Scheiben geschnitten
¼ TL Salz*

Seitan in ca. 3 cm große Würfel
schneiden, in einen großen flachen
Topf geben und mit Wasser bedek-
ken. Zwiebel und Chilischoten
zugeben und einige Minuten lang
bedeckt köcheln lassen. Tomaten,
Kokoscreme und Pfeffer einrühren
und zum Kochen bringen. Nun die
Bananen zugeben und leicht bedeckt ca. 25 – 35 Minuten lang
köcheln lassen, bis die Bananen
weich sind und die Soße etwas
andickt. Eventuell mit etwas Salz
abschmecken.

Kürbisblätter in Erdnußsoße

2 EL Erdnußöl
500 g Kürbisblätter, klein
* geschnitten*
1 frische rote Chilischote
¼ TL Salz
1 Tasse Erdnußmus

Öl in einem großen, flachen Topf
leicht erhitzen. Kürbisblätter und
Chilischote darin einige Minuten
lang sautieren, bis die Blätter weich
sind. Salz, Erdnußmus und soviel
Wasser einrühren, daß eine sämige
Soße entsteht. Kurz köcheln lassen.

Scharfe Tomatensoße

6 Eiertomaten
2 Zwiebeln, eine davon in
* Halbmonde geschnitten*
2 frische rote Chilischoten,
* im Mörser zerrieben*
2 Prisen gemahlener Koriander
2 Prisen getrockneter Thymian
½ TL Salz
2 EL Erdnußöl

Tomaten mit der ganzen Zwiebel
pürieren. Chilischoten, Gewürze
und Salz einmischen. Öl in einem
flachen Topf erhitzen und Zwiebelhalbmonde darin glasig sautieren.
Püree in die Zwiebeln einmischen
und unter gelegentlichem Rühren
bedeckt ca. 30 Minuten lang
köcheln lassen. Diese Soße paßt gut
zu den Schwarzaugenbohnen-
gerichten (siehe Seite 104) oder zu
fritierten Kochbananen.

Scharfer Salat

*½ Salatgurke, in sehr feine
Stäbchen geschnitten
2 Tomaten, in sehr feine Stäbchen
geschnitten
1 Karotte, in sehr feine Stäbchen
geschnitten
1 frische grüne Chilischote, in sehr
feine Stäbchen geschnitten
2 rote Zwiebeln, in dünne
Halbmonde geschnitten
2 Limetten, ersatzweise 1 Zitrone
¼ TL Salz
⅛ TL schwarzer Pfeffer*

Gurke, Tomaten, Karotte, Chilischote und Zwiebeln vermischen.
Aus Limettensaft, Salz und Pfeffer
ein Dressing rühren und gut in das
Gemüse einmischen.

Bananen-Mais-Fritters

*6 überreife Bananen
1 Tasse Mais, grob gemahlen
ca. ½ – 1 Erdnußöl
1 TL Ingwerwurzel, gerieben*

Bananen mit einer Gabel fein zerdrücken, Maismehl gut einmischen
und etwas warmes Wasser einrühren, so daß eine leicht tropfende
Masse entsteht (ähnlich wie ein
Pfannkuchenteig). Einige Minuten
lang ruhen lassen. Öl mit Ingwer
erhitzen, mit einem Löffel kleine
Portionen der Bananen-Maismasse
hineingeben und fritieren, bis sie
knusprig sind und eine goldene
Farbe annehmen.

Madagaskar

Leichter rötlicher Reis

2 Tassen roter Reis aus Madagaskar
(ersatzweise aus Sri Lanka)
3 – 4 Tassen Wasser
2 Prisen Salz

Reis sorgfältig nach Steinchen
durchsuchen und gut waschen.
Mit dem Wasser aufsetzen, zum
Kochen bringen, salzen und bedeckt ca. 30 – 35 Minuten lang
garen, bis die Reiskörner aufgeplatzt
sind und das Wasser absorbiert ist.
Da in Madagaskar traditionell über
offenem Feuer gekocht wird, ist der
Reis am Topfboden meist leicht
angebrannt. Steinchen, die eventuell übersehen wurden, haben sich
ebenfalls am Topfboden abgesetzt,
so daß der Reis vorsichtig aus dem
Topf gelöffelt wird. Im Topf ver-
bleibt eine ca. ½ cm dicke Schicht.
Nun wird Wasser aufgegossen und
das Ganze ca. 15 – 20 Minuten
lang gekocht, abgesiebt und getrunken.

Bohnen in Kokossoße

1 ½ Tassen getrocknete weiße oder
rote Bohnenkerne
2 EL Erdnußöl
2 Zwiebeln, fein gehackt
3 Tassen Kokosmilch
½ TL Salz
¼ TL schwarzer Pfeffer

Bohnen nach dem Grundrezept
(siehe Seite 10) in ca. 20 – 30 Minuten im Dampfdrucktopf garen. Öl
in einem Topf erhitzen und Zwiebeln darin leicht sautieren, bis sie
eine goldene Farbe annehmen.
Kokosmilch angießen, Bohnen
zugeben und mit Salz und Pfeffer
abschmecken. Ca. 15 – 20 Minuten
lang unbedeckt köcheln lassen, bis
die Soße etwas eingedickt ist.

Gegrillte Cassava

ca. 15 cm Cassava oder Yam

Cassava schälen, in ca. 2 ½ cm
dicke Scheiben schneiden und diese
halbieren. In kaltem Salzwasser
aufsetzen, zum Kochen bringen
und in ca. 15 – 20 Minuten langsam nicht zu weich kochen. Abschütten, abkühlen und gut
trocknen lassen. Möglichst auf
Holzkohle von allen Seiten grillen.
Vorsicht! Nicht zusammen mit
Ingwer essen!

Fritierte Taro-Bällchen

4 Taro, geschält
¼ TL Salz
2 Zwiebeln, gewürfelt
1 Stange Lauch, gewürfelt
¼ TL schwarzer Pfeffer
ca. ½ l Erdnußöl

Taro in kaltem Salzwasser aufsetzen, zum Kochen bringen und in
ca. 20 – 30 Minuten weich kochen.
Knollen pürieren und Bällchen mit
einem Durchmesser von ca. 5 cm
formen. Zwiebeln und Lauch in
etwas Öl sautieren, mit Salz und
Pfeffer würzen. In die Taro-Bällchen
mit dem Finger ein Loch bohren,
dies mit der Zwiebelmasse füllen
und gut verschließen. Bällchen
fritieren, bis sie knusprig sind und
eine goldene Farbe annehmen.

Ingwer-Knoblauch-Gemüse

3 EL Erdnußöl
4 Zwiebeln, geachtelt
2 cm Ingwerwurzel, fein gehackt
2 Knoblauchzehen, fein gehackt
¼ TL schwarzer Pfeffer,
  mittelfein gemahlen
¼ TL Salz
ca. 1 Tasse Gemüsebrühe oder
  Wasser
2 Karotten, diagonal in ca. 1 cm
  breite Scheiben geschnitten
1 Süßkartoffel, diagonal in ca. 1 cm
  breite Scheiben geschnitten
2 Tassen grüne Bohnen
1 Zucchini, diagonal in ca. 1 cm
  breite Scheiben geschnitten

Öl in einem großen, flachen Topf
erhitzen und Zwiebeln darin glasig
sautieren. Ingwer und Knoblauch
zusammen im Mörser fein zerreiben und zu den Zwiebeln geben.
Einige Sekunden lang unter Rühren
mit sautieren. Pfeffer und Salz einrühren, etwas Gemüsebrühe bzw.
Wasser angießen und Karotten und
Süßkartoffel zugeben. Bedeckt ca.
10 – 15 Minuten lang köcheln
lassen, bis das Gemüse halb gar ist.
Bohnen und Zucchini zugeben und
bedeckt weitere ca. 5 – 10 Minuten
lang köcheln lassen, bis das Gemüse weich ist.

Blattgemüsetopf

150 g Seitan
6 EL Erdnußöl
4 Zwiebeln, gewürfelt
2 Knoblauchzehen, fein gehackt
1 cm Ingwerwurzel, fein gehackt
⅛ TL Gelbwurz, gemahlen
(Kurkuma)
1 Prise gemahlene Nelken
1 Prise Zimt
¼ TL schwarzer Pfeffer
1 große Tomate, enthäutet und
gewürfelt
8 Tassen Möhrenblätter, von den
dicken Stengeln gepflückt und
klein geschnitten
¼ TL Salz

Seitan in ca. 3 cm große Würfel schneiden und ausdrücken. In einem großen Topf 4 EL Öl erhitzen, den Seitan darin gut braun braten und auf einem Teller zur Seite stellen. Im selben Topf (ohne ihn auszuwaschen) das restliche Öl erhitzen und Zwiebeln darin sautieren, bis sie eine goldene Farbe annehmen. Knoblauchzehen und Ingwer im Mörser fein zerreiben, zu den Zwiebeln geben und unter Rühren kurz mit sautieren. Gewürze und Tomate zugeben und unter Rühren 5 Minuten lang schmoren lassen. Seitan und Möhrenblätter sowie Salz und etwas Wasser zugeben. Ca. 15 – 20 Minuten lang bedeckt köcheln lassen, bis die Blätter weich sind.

Gekochte Brunnenkresse

500 g Brunnenkresse

Brunnenkresse einmal kurz in kochendem Wasser blanchieren und klein hacken.

Als ich eines Sommers bei Freunden ein Gericht aus Karottenblättern gekocht hatte, waren die beiden madagassischen Frauen sehr überrascht, daß diese Blätter eßbar sind. Noch überraschter waren sie – und ich nicht weniger – als sie nach der ersten Kostprobe ausriefen, daß die Karottenblätter fast genauso schmeckten wie ein bestimmtes madagassisches Blättergemüse. Seither können sie dieses madagassische Gericht in Deutschland kochen – mit Karottenblättern.

Papayasalat

1 EL Erdnußöl
2 Knoblauchzehen, fein gehackt
1 frische rote Chilischote,
   fein gehackt
1 Prise Gelbwurz, gemahlen
   (Kurkuma)
1 Prise schwarzer Pfeffer
1 kleine grüne, unreife Papaya,
   geschält und grob geraspelt
1 Limette

Öl in einer Pfanne erhitzen. Knoblauchzehen und Chilischote darin kurz sautieren. Gewürze zugeben und unter Rühren kurz mit sautieren. Papaya zugeben und unter Rühren einige Minuten lang kurz sautieren. Abkühlen lassen, mit Limettensaft beträufeln und kalt servieren.

Scharfe Mango-Pickles

2 große reife Mangos
1 frische rote Chilischote
1 EL schwarze Pfefferkörner
2 Knoblauchzehen
4 EL Salz
1 l Wasser
4 EL Reisessig

Mangos schälen und in sehr feine Stäbchen schneiden. Mit Chilischote, Pfefferkörnern und Knoblauchzehen in ein Glas schichten. Salz mit Wasser und Essig aufkochen, vollständig darin auflösen und heiß über die Mangos gießen, bis diese bedeckt sind. Ca. 2 ½ cm vom Glasrand freilassen und das Glas gut verschließen. An einem dunklen und nicht zu kühlen Ort ca. eine Woche lang fermentieren lassen. Danach im Kühlschrank aufbewahren.

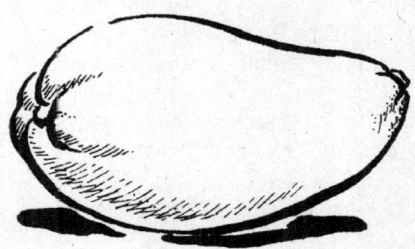

Gemischter Salat mit Erdnüssen

½ kleiner Weißkohl
4 Karotten
2 rote Zwiebeln
1 Tasse grüne Bohnen
1 Tasse Erdnüsse, in der Schale
  geröstet
2 cm Ingwerwurzel, fein gehackt
2 Knoblauchzehen, fein gehackt
2 frische rote Chilischoten,
  fein gehackt
1 TL Gelbwurz, gemahlen
  (Kurkuma)
1 TL Senfsaat, gemahlen
¼ TL schwarzer Pfeffer
1 Limette
¼ TL Salz
2 EL Erdnußöl

Weißkohl fein schnitzeln. Karotten in sehr feine Stäbchen, Zwiebeln in feine Halbmonde und Bohnen diagonal in sehr feine Scheiben schneiden. Die Bohnen kurz in kochendem Wasser blanchieren. Erdnüsse mit einem Nudelholz grob zerdrücken. Alles Gemüse in eine Schüssel füllen und gut mischen. Aus Ingwer, Knoblauch und Chilischoten im Mörser eine feine Paste reiben. Mit Gewürzen, Limettensaft, Salz und Öl sowie etwas Wasser ein Dressing rühren und in den Salat einmischen.

Gedämpfter Bananenkuchen

2 Tassen frische, gekochte
  Maiskörner
3 Tassen reife Bananen
einige Bananenblätter, ersatzweise
  Baumwolltuch

Mais gut stampfen. Bananen mit einer Gabel fein zerdrücken und mit dem Mais mischen. Die Masse in Bananenblätter einwickeln und in ca. 1 Stunde gardämpfen.

○ *Variante:* Statt mit Mais wird dieses Gericht auch mit Reis zubereitet: Dazu 2 Tassen ungeschälten Langkornreis über Nacht einwichen lassen, dann abschütten und gut stampfen. Diese Masse muß ca. 2 Stunden lang gedämpft werden.

Asien

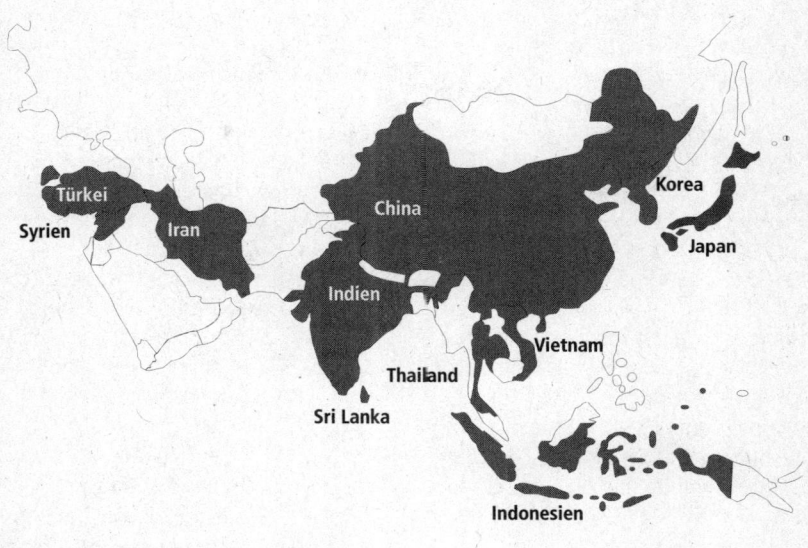

Türkei

Nussig-süßer Reis

3 EL Olivenöl oder Butter
½ Tasse Mandelstifte
½ Tasse frische Pistazien
  (ungeröstet und ungesalzen)
½ Tasse Korinthen
2 Tassen ungeschälter
  Langkornreis
4 Tassen Wasser
2 Prisen Salz

Öl bzw. Butter in einem nicht zu flachen Topf erhitzen. Mandeln und Pistazien darin vorsichtig rösten, bis sie eine goldene Farbe annehmen. Korinthen einrühren und nun den gut abgetropften Reis einige Minuten lang unter Rühren mit sautieren. Wasser angießen, zum Kochen bringen, salzen und bedeckt in ca. 45 – 50 Minuten garen, bis die Reiskörner aufgeplatzt sind und alle Kochflüssigkeit absorbiert ist.

Bohnen-Dill-Püree

2 Tassen getrocknete
  Favabohnenkerne
4 EL Olivenöl
1 Zwiebel, fein gehackt
3 Tassen Wasser
¼ TL Salz
½ Tasse Dill, fein geschnitten
3 Zitronen
½ Tasse schwarze Oliven

Bohnen nach dem Grundrezept (siehe Seite 10) blanchieren. 2 EL Öl in einem Topf erhitzen und Zwiebel darin sautieren, bis sie eine goldene Farbe annimmt. Bohnen einrühren und einige Minuten lang mit sautieren. Wasser angießen und bedeckt ca. 2 Stunden lang köcheln lassen, bis die Bohnen sehr weich sind. Zwischendurch die Wassermenge kontrollieren. Falls am Ende der Garzeit zuviel Wasser übrig ist, dieses abgießen und auffangen. Salz und Dill bis auf 1 EL in die Bohnen einrühren und diese pürieren; eventuell etwas Kochwasser zufügen. Abkühlen lassen und ca. 6 EL Zitronensaft gut einmischen. Püree auf einem Teller anrichten, Öl darüberträufeln und mit dem restlichen Dill, den Oliven sowie Zitronenspalten garnieren.

Lauch-Karottengemüse

6 EL Olivenöl
2 Knoblauchzehen,
   zerrieben oder zerdrückt
¼ TL Salz
4 – 6 Stangen Lauch, diagonal
   in ca. 5 cm große Stücke
   geschnitten
2 große Karotten, diagonal
   in ca. 7 mm dicke Scheiben
   geschnitten

Öl in einem sehr großen flachen
Topf leicht erhitzen und Knoblauch
darin einige Sekunden lang unter
Rühren vorsichtig sautieren; nicht
braun werden lassen. Salz, Lauchstangen und Karotten einrühren.
Ein wenig Wasser angießen und
bedeckt bei geringer Hitze ca.
20 – 30 Minuten lang garen lassen,
bis das Gemüse weich und das
Gericht leicht angedickt ist.

Würziges Auberginenmus

4 Auberginen
1 große Zwiebel, fein gehackt
2 Tomaten, sehr klein gewürfelt
4 Knoblauchzehen, zerdrückt
4 EL Olivenöl
1 EL Minze, fein gehackt
3 EL Petersilie, fein gehackt
¼ TL Salz
1 Prise schwarzer Pfeffer
2 Zitronen
einige schwarze Oliven

Die ganzen Auberginen einölen und
auf Holzkohle oder im Backofen bei
200° C ca. 50 Minuten lang grillen
oder backen, bis die Auberginen
weich sind und die Haut ver-
schrumpelt ist. Etwas abkühlen
lassen und schälen, danach vollständig abkühlen lassen. Das Aubergi-
nenfleisch mittelfein hacken und
mit Tomaten, Knoblauch, Öl, Kräutern, Gewürzen und dem Saft einer
Zitrone mischen. Auf einem Teller
anrichten und mit der zweiten,
geviertelten Zitrone und den Oliven
garnieren.

In der Türkei hatten wir einmal bei einem Ausflug den Bus zurück in die
Stadt verpaßt, so daß uns nichts weiter übrig blieb, als zu Fuß zu gehen.
Da es sehr heiß war und wir ausgesprochen müde und durstig waren,
freuten wir uns besonders, als ein alter Mann auf einem Traktor vorbeikam
und uns mit in die Stadt nehmen wollte. Per Zeichensprache wurden wir
eingeladen, uns auf den mit Wassermelonen voll beladenen Anhänger zu
legen und uns mit Melonen zu erfrischen, soviel wir wollten bzw. konnten.

Paprikaspinat

4 EL Olivenöl
2 große Zwiebeln, grob gehackt
je 1 frische, große, milde rote und
*   grüne Chilischote, diagonal in*
*   ca. 3 cm breite Ringe*
*   geschnitten*
3 spitze rote Paprikaschoten,
*   diagonal in ca. 3 cm breite*
*   Streifen geschnitten*
2 Tomaten, enthäutet und fein
*   gehackt*
500 g Spinat, klein geschnitten
½ TL Salz
½ Bund glatte Petersilie,
*   grob gehackt*
1 Zitrone, geviertelt

Öl in einem großen, flachen Topf erhitzen und darin Zwiebeln, Chilischoten und Paprikaschoten unter Rühren sautieren, bis die Zwiebeln glasig sind und die Haut des Paprika anfängt, Blasen zu werfen. Die Tomaten einrühren und kurz mit sautieren. Spinat und Salz einrühren und einige Minuten lang bedeckt schmoren lassen, bis das Gemüse weich ist. Mit Petersilie bestreuen und mit Zitronenvierteln servieren.

Gekochte Oliven

500 g grüne Oliven, entsteint
2 EL Olivenöl
6 Knoblauchzehen, fein gehackt
1 kleines Bund Petersilie,
*   fein gehackt*
1 Prise milde rote Chiliflocken
*   (pul biberi), zerrieben*
1 ¼ Tassen Wasser
2 Zitronen

Oliven waschen, einige Stunden lang in Wasser einweichen, abgießen und abwaschen. Öl in einem kleinen, tiefen Topf erhitzen und Knoblauch darin sautieren, bis er eine leicht goldene Farbe annimmt. Petersilie, Chiliflocken, Oliven und Wasser zugeben. Unbedeckt ca. 30 Minuten lang köcheln lassen, bis fast alle Kochflüssigkeit eingedickt ist. Von der Kochstelle nehmen und den Saft einer Zitrone einrühren. Kalt mit Zitronenscheiben servieren.

Eingelegtes Dillgemüse

2 Tassen Weißkohl.
4 Karotten
2 spitze rote Paprikaschoten
13 Knoblauchzehen
1 großes Bund Dill
2 grüne Paprikaschoten
2 kleine Gurken
3 Blumenkohlröschen
5 grüne Bohnen
2 kleine grüne Tomaten
2 frische grüne, milde Chilischoten
3 Chilischoten, getrocknet
½ Zitrone
10 TL Salz
4 Tassen Wasser
1 Tasse Weißweinessig

Weißkohl, 2 Karotten, 1 rote Paprikaschote, 5 Knoblauchzehen und
2 EL Dill in sehr feine Streifen
schneiden, gut mischen und in die
ausgehöhlten grünen Paprikaschoten füllen. Zusammen mit dem
anderen Gemüse in ein Glas schichten. Den restlichen Knoblauch,
Dillzweige, Chilischoten und Zitronenscheiben dazwischenstecken.
Salz vollständig in Wasser und Essig
auflösen und über das Gemüse
gießen, so daß dieses bedeckt ist.
Glas dicht verschließen und bei
Zimmertemperatur 2 – 3 Wochen
lang fermentieren lassen. Das eingelegte Dillgemüse danach im Kühlschrank aufbewahren.

Kohlsalat

¼ Weißkohl
¼ Rotkohl
2 Zitronen, geviertelt
einige Prisen Salz
einige Prisen schwarzer Pfeffer

Kohl in sehr feine Streifen schneiden. Getrennt auf Portionstellern
anrichten und mit Zitronenvierteln,
Salz und Pfeffer servieren.

Quittendessert

1 kg Quitten
1 Zitrone
1 ½ Tassen Wasser
1 Zimtstange
4 Nelken
ca. 2 – 3 Tassen Honig
2 EL Rosenwasser

Quitten vierteln, Kerngehäuse und
eventuell holzige Teile entfernen.
Mit einem Kartoffelschäler die
Zitrone schälen und den Saft auspressen. Wasser mit allen Zutaten
(bis auf das Rosenwasser) zum
Kochen bringen und Quitten in
dem Sud ca. 30 – 40 Minuten lang
köcheln lassen, bis sie weich sind.
Quitten über Nacht in dem Sud
abkühlen und ziehen lassen; herausnehmen, Zitronenschale und
Zimtstange entfernen. Sud bis auf
ein Drittel der Menge einkochen
und dann abkühlen lassen. Rosenwasser einrühren und über die auf
einem Teller arrangierten Quitten
gießen. Über Nacht ziehen lassen
und gut gekühlt servieren.

Syrien

Grüner Weizen

*2 Tassen frischer grüner Weizen,
  ersatzweise Grünkern
1 Tasse frische Erbsen
ca. 5 EL Olivenöl
1 Prise Salz
1 Prise schwarzer Pfeffer
4 EL Mandeln, geschält*

Falls Grünkern verwendet wird,
diesen über Nacht einweichen und
45 – 55 Minuten lang bedeckt
köcheln lassen. Weizenkörner ca.
5 Minuten lang kochen und das
Wasser wegschütten. Getreide und
Erbsen in ca. 2 EL Öl geben, mit
Salz und Pfeffer würzen und bedeckt weitere 5 – 10 Minuten langsam dünsten lassen. Mandeln im
restlichen Öl vorsichtig rösten, bis
sie eine goldene Farbe annehmen,
und über das Getreide streuen.

Fritierte Kichererbsenplätzchen

*2 Tassen Kichererbsen
1 Zwiebel
4 Frühlingszwiebeln,
  sehr fein gehackt
1 Bund glatte Petersilie,
  sehr fein gehackt
2 TL Korianderblätter,
  sehr fein gehackt
3 Knoblauchzehen, zerrieben
¼ TL Salz
2 TL gemahlener Koriander
2 TL Kreuzkümmel (Kumin)
½ TL Backpulver
ca. ½ l Olivenöl*

Kichererbsen über Nacht einweichen, abschütten und durch einen
mittelfeinen Fleischwolf geben, so
daß ein nicht zu feines Püree entsteht. Zwiebeln, Kräuter und Knoblauch zugeben und mit Salz,
Gewürzen und Backpulver gut in
die Kichererbsen einmischen. Aus
der Masse flache Plätzchen von ca.
5 cm Durchmesser formen und
langsam braun und knusprig fritieren. Diese Plätzchen können z. B.
auch als komplette Mahlzeit in oder
mit Fladenbrot serviert werden, das
mit Salat und mit Wasser verdünn-
tem Tahin und/oder Joghurt gefüllt
ist.

○ *Variante:* Vor dem Fritieren einige Koriandersamen leicht in die
Plätzchen eindrücken.

Rote Bete-Scheiben

4 rote Bete
ca. 1 – 2 EL Zitronensaft

Rote Bete in ca. 1 Stunde gut weich
kochen, etwas abkühlen lassen,
schälen und vollständig abkühlen
lassen. Dann in ca. 1 cm dicke
Scheiben schneiden, auf einer Servierplatte anrichten und mit sehr
wenig Zitronensaft beträufeln.

Während einer Autofahrt durch die
syrische Wüste boten uns der Fahrer
und sein Freund geröstete gesalzene
Nüsse an. Im Gegenzug gaben wir
den beiden das einzige, was wir
hatten, nämlich salzige Vollkorn-
Haferkekse. Uns war klar, daß diese
Kekse für die beiden Syrer sehr
ungewöhnlich sein würden, doch ihre
heftige Reaktion hat uns dann doch
überrascht. Beide waren total
erschrocken und entsetzt über diesen
unerwarteten Geschmack und die für
sie ungewöhnliche Konsistenz der
Kekse. Sie konnten sie einfach nicht
»runterkriegen«! Und so endeten
die Kekse als Vogelfutter in der
syrischen Wüste.

Auberginengemüse

3 Auberginen, in ca. 1 cm dicke
*   Scheiben geschnitten*
ca. ½ Tasse Olivenöl
6 reife, aber feste Eiertomaten,
*   in ca. 1 cm dicke Scheiben*
*   geschnitten*
4 Gemüsezwiebeln, in ca. 1 cm
*   dicke Scheiben geschnitten*
ca. 1 EL Salz
¼ TL schwarzer Pfeffer

Die Auberginenscheiben gut einsalzen und mindestens ½ Stunde lang
mit einem Teller beschweren, dann
gut abwaschen und abtrocknen. Öl
in einer Pfanne erhitzen. Auberginen darin goldbraun braten, in
einen großen flachen Topf geben
und die Tomaten obenauf legen.
Zwiebeln in derselben Pfanne (ohne
sie auszuwaschen) vorsichtig leicht
glasig sautieren und auf die Tomaten legen. Salz und Pfeffer überstreuen, das Bratöl darauf
gießen und ca. ¼ Tasse Wasser
angießen. Bedeckt langsam ca.
30 Minuten lang schmoren lassen,
bis das Gemüse weich ist. Am besten im Topf auf den Tisch bringen
und vorsichtig, ohne das Gemüse
zu sehr zu zerbrechen, warm oder
kalt servieren.

Kräuterzucchini

4 Zucchini
2 EL Olivenöl
¼ TL Salz
2 EL Dill, fein gehackt
2 EL Minze, fein gehackt
1 EL Zitronensaft

Zucchini in ca. 1 cm große Würfel schneiden, mit dem Öl in einen großen Topf geben, salzen und bedeckt unter gelegentlichem Rühren langsam ca. 10 – 20 Minuten lang schmoren lassen, bis die Zucchini weich sind. Mit Kräutern und etwas Zitronensaft abschmecken.

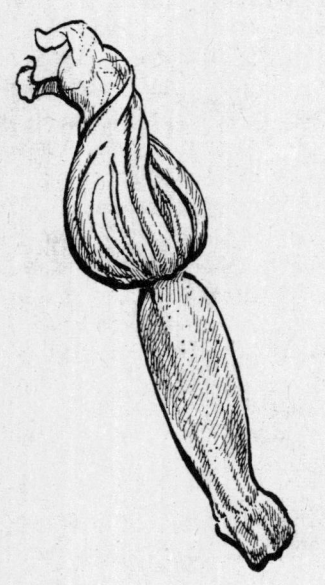

Grünes Blattgemüse mit Knoblauch

3 EL Olivenöl
ca. 20 ganze Knoblauchzehen
1 milde grüne Chilischote, in Ringe
 geschnitten
ca. ½ Tasse Gemüsebrühe oder
 Wasser
1 EL Zitronensaft
¼ TL Salz
750 g Brennessel- oder junge
 Weinblätter, ersatzweise Spinat

Öl in einem großen Topf leicht erhitzen. Knoblauchzehen und Chilischote darin unter Rühren einige Minuten lang leicht sautieren, etwas Gemüsebrühe bzw. Wasser angießen und bedeckt ca. 20 – 30 Minuten lang köcheln lassen, bis die Knoblauchzehen weich sind. Zitronensaft, Salz und die ganzen Brennesselblätter bzw. den nicht zu klein geschnittenen Spinat zugeben und bedeckt unter gelegentlichem Rühren ca. 3 – 7 Minuten lang köcheln lassen. Falls Weinblätter verwendet werden: Knoblauchzehen nur 2 – 3 Minuten lang köcheln lassen, bevor die Blätter zugegeben werden. Das Ganze dann ca. 30 – 45 Minuten lang köcheln lassen, bis die Weinblätter weich sind. Mit etwas Kochsud servieren.

Scharfe Oliven

500 g grüne Oliven, entsteint
1 Zwiebel, sehr fein gehackt
je 2 frische rote und grüne
 Chilischoten, sehr fein gehackt
2 EL Minze, sehr fein gehackt
1 Zitrone
2 EL Olivenöl

Oliven mit einem Nudelholz leicht
zerschlagen. Zwiebel, Chilischoten
und Minze mit Zitronensaft und Öl
im Mörser zerreiben und die Oliven
gut mit der Paste mischen. Vor dem
Servieren einige Stunden lang ziehen lassen. Die Oliven werden
traditionell mit einigen Zitronenspalten, Minzeblätterstengeln, Frühlingszwiebeln, Salzgurkenstreifen
etc. zusammen mit Fladenbrot vor
bzw. zu jeder Mahlzeit serviert.

Gurken-Tomaten-Salat

4 Tomaten, in dünne Stäbchen
 oder kleine Würfel geschnitten
½ Salatgurke, in dünne Stäbchen
 oder kleine Würfel geschnitten
ca. 2 EL Zitronensaft
2 EL Olivenöl
¼ TL Salz

Tomaten und Gurken vermengen.
Aus den restlichen Zutaten ein
Dressing rühren und unter das
Gemüse mischen.

Getrockneter Früchtesalat

je 1 Tasse getrocknete Aprikosen,
 Datteln, Feigen, Pflaumen und
 Sultaninen
2 EL Mandeln
2 EL frische, ungeröstete,
 ungesalzene Pistazien
2 EL Honig
1 EL Zitronensaft
1 EL Orangenblütenwasser
½ TL Anis, gemahlen
¼ TL Zimt, gemahlen

Getrocknete Früchte gut waschen,
über Nacht in Wasser gerade bedeckt einweichen, dann abgießen
und das Wasser auffangen. Nüsse
grob hacken und in einer ungefetteten Pfanne vorsichtig unter Rühren
leicht rösten. Die restlichen Zutaten
mit dem Einweichwasser gut verrühren und über die auf einem
tiefen Teller angerichteten Früchte
gießen. Einige Zeit ziehen lassen
und vor dem Servieren mit Nüssen
bestreuen.

Iran

Kräuterreis

2 Tasse ungeschälter Langkornreis
4 Tassen Wasser
2 Prisen Salz
2 EL Dill, fein gehackt
je 1 EL Korianderblätter,
  Schnittlauch und Petersilie,
  fein gehackt
2 EL Olivenöl

Reis mit Wasser in einem kleinen, tiefen Topf aufsetzen, zum Kochen bringen, salzen und bedeckt ca. 45 – 50 Minuten lang garen, bis die Reiskörner aufgeplatzt sind und das Kochwasser absorbiert ist. Kräuter und Öl einrühren und vor dem Servieren einige Minuten lang bedeckt ruhen lassen.

Gelbe Linsen

1 ½ Tassen rote Linsenhälften
2 EL Olivenöl
1 große Zwiebel, gehackt
1 TL Gelbwurz, gemahlen
  (Kurkuma)
1 große Kartoffel, in mittelgroße
  Würfel geschnitten
ca. 3 – 4 Tassen Gemüsebrühe
  oder Wasser
¼ TL Salz
einige Prisen schwarzer Pfeffer
1 EL Korianderblätter, fein gehackt
1 EL Dill, fein gehackt
1 – 2 EL Zitronensaft

Linsen nach dem Grundrezept (siehe Seite 10) blanchieren. Öl in einem nicht zu großen, tiefen Topf erhitzen und Zwiebel glasig sautieren. Gelbwurzpulver einstreuen und kurz mit sautieren. Linsen und Kartoffel zufügen, mit Gemüsebrühe bzw. Wasser auffüllen und bedeckt ca. 1 – 1 ½ Stunden lang garen lassen, bis die Linsen sehr weich sind und alle Flüssigkeit aufgenommen ist. Zwischendurch die Flüssigkeitsmenge kontrollieren. Salz, Pfeffer und Kräuter untermischen und kurz bedeckt ziehen lassen. Vor dem Servieren Zitronensaft einrühren.

Safrankarotten

3 EL Olivenöl
1 große Zwiebel, gehackt
¼ TL Safran, gemahlen
1 Prise Salz
1 Prise schwarzer Pfeffer
ca. ½ Tasse Wasser
500 g Karotten, in ca. 1 ½ cm
*   große Würfel geschnitten*
2 EL Mandelscheiben

2 EL Öl in einem großen, flachen
Topf erhitzen und Zwiebel darin
leicht sautieren, bis sie eine goldene
Farbe annimmt. Safran, Salz und
Pfeffer einrühren, Wasser angießen
und Karotten zugeben. Bedeckt ca.
10 – 15 Minuten lang garen, bis die
Karotten weich sind. Mandelscheiben in dem restlichen Öl vorsichtig
rösten, bis sie eine goldene Farbe
annehmen, und vor dem Servieren
über die Karotten streuen.

O *Variante:* Anstelle von Safran
½ TL Zimt verwenden und mit den
Karotten einige zuvor eingeweichte
Trockenpflaumen zugeben.

Gebratene Auberginen

2 Auberginen
ca. 1 Tasse Olivenöl
1 große Zwiebel, fein gehackt
½ EL Gelbwurz, gemahlen
*   (Kurkuma)*
1 Prise schwarzer Pfeffer
ca. 1 EL Salz

Die Auberginen längs in ca. ½ cm
dicke Scheiben schneiden, einsalzen und beschwert mindestens
½ Stunde lang ziehen lassen. Abwaschen und gut abtrocknen. In soviel
Öl wie nötig goldbraun braten und
auf einem großen heißen Teller
anrichten. In derselben Pfanne
(ohne sie auszuwaschen) die Zwiebel sautieren, bis sie eine goldene
Farbe annimmt. Gelbwurzpulver,
Pfeffer und eventuell etwas Salz
zugeben, kurz umrühren und über
die Auberginen geben. Restliches,
kaltes Öl ebenfalls über die Auberginen gießen. Warm oder kalt servieren.

O *Variante:* Mit Joghurt servieren.

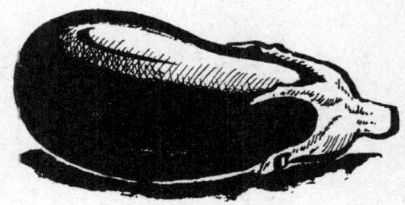

Knoblauch-Minze-Zucchini

4 Zucchini
4 Knoblauchzehen
1 – 2 EL Minze
¼ TL Salz
4 EL Olivenöl
1 Prise schwarzer Pfeffer

Zucchini längs halbieren. Knoblauch, Minze und Salz im Mörser zu einer Paste zerreiben und die Schnittfläche der Zucchini damit bestreichen. Öl in einen großen flachen Topf geben, Zucchini mit der Schnittfläche nach oben hineinsetzen und leicht bedeckt ca. 20 – 30 Minuten lang bei mittlerer Hitze garen lassen, bis die Zucchini weich sind. Vor dem Servieren mit Pfeffer bestreuen.

Würziger Spinat

2 EL Olivenöl
1 große Zwiebel, fein gehackt
2 Knoblauchzehen
¼ TL Salz
500 g Spinat
1 Prise schwarzer Pfeffer
1 – 2 EL Bockshornkleeblätter
*   (Methi, Fenugreek),*
*   klein gehackt*

Öl in einem flachen Topf erhitzen und Zwiebel darin glasig sautieren. Knoblauch mit Salz zerreiben und einrühren. Spinat untermischen. Pfeffer und Bockshornkleeblätter einmischen und bedeckt einige Minuten lang schmoren lassen, bis der Spinat gegart ist.

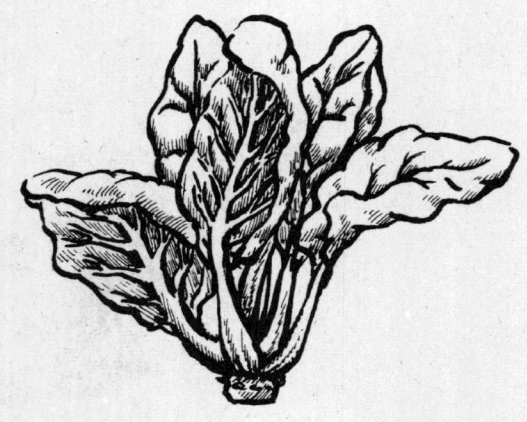

Chilipickles

500 g milde grüne Chilischoten
2 Karotten
6 Blumenkohlröschen
1 Chilischote, getrocknet
1 EL Nigellasamen
1 EL Koriandersamen
2 EL Angelikasamen
6 EL Korianderblätter
1 EL Minze, getrocknet
ca. 3 Tassen Wasser
ca. 3 EL Salz
ca. 1 Tasse Weißweinessig

Jede Chilischote mehrmals einstechen, Karotten in ca. 3 cm große Würfel schneiden und mit dem Blumenkohl in ein Glas schichten. Getrocknete Chilischote obenauf legen. Samen zerdrücken, mit den restlichen Zutaten mischen (dabei das Salz vollständig auflösen) und das Ganze über das Gemüse gießen, bis dieses gut bedeckt ist. Glas fest verschließen und bei Zimmertemperatur an einem dunklen Ort 4 Wochen lang fermentieren lassen.

Gemischter, würziger Salat

½ Romanasalat
½ Salatgurke, geschält
2 Tomaten
1 große Zwiebel
2 – 3 EL Zitronensaft
¼ TL Salz
1 Prise schwarzer Pfeffer
1 Prise Chilipulver
2 EL Olivenöl
1 EL glatte Petersilie, grob gehackt
1 EL Minze, grob gehackt
4 EL schwarze Oliven

Salat, Gurke, Tomaten und Zwiebel in ca. 7 mm dicke Streifen schneiden, mischen und auf einer großen Servierplatte anrichten. Aus Zitronensaft, Salz, Pfeffer, Chilipulver und Öl ein Dressing rühren und über den Salat gießen. Kräuter darüberstreuen und mit Oliven garnieren.

Melonendessert

2 Cantaloupe- oder Honigmelonen
1 – 2 EL Rosenwasser

Melonenfleisch in einer Küchenmaschine grob hacken, Rosenwasser untermischen und gut gekühlt
servieren.

○ *Variante:* Nach Geschmack
Zitronensaft zugeben.

China

Reis mit Perlgerste

1 ½ Tassen ungeschälter
   Rundkornreis
½ Tasse Perlgerste, möglichst
   ungeschält (Hato Mugi)
3 Tassen Wasser
2 Prisen Salz

Reis und Perlgerste mit Wasser im
Dampfdrucktopf zum Kochen
bringen, salzen und bei niedrigster
Stufe ca. 45 – 50 Minuten lang
garen lassen.

Tofu-Weizengluten-Topf mit Pilzen

8 Tassen Weizenvollkornmehl
10 getrocknete Tongku-Pilze
   (Shiitake)
10 Judasohren-Pilze
   (chinesische Morcheln)
½ Tasse getrocknete Silberpilze
2 EL Sesamöl
500 g Tofu, in ca. 4 cm große
   Würfel geschnitten
1 kleiner Chinakohl, in ca. 7 cm
   große Stücke geschnitten
1 Tasse gelbe Nadelpilze,
   möglichst frisch
¼ Tasse schwarzes Moos
15 Gingko-Nüsse
2 – 3 Tassen Gemüsebrühe oder
   Wasser
½ EL Shoyu
einige Frühlingszwiebeln,
   in Ringe geschnitten

Weizenvollkornmehl mit Wasser zu
einem geschmeidigen festen Teig
kneten. Diesen in eine große Schüssel legen und mit kaltem Wasser
bedecken, über Nacht stehen lassen. Wasser abgießen und je eine
Handvoll des Teiges zu Bällchen
formen und unter fließendem kalten Wasser mit knetenden Hand-
bewegungen auswaschen, solange
Stärke und Kleie ausfließen. Nun
unter warmem Wasser auswaschen,
ebenfalls bis weder Stärke noch
Kleie ausfließen. Diesen Vorgang
wiederholen, bis eine gummiartige
Masse übrigbleibt. Aus dieser Masse
kastaniengroße Stücke gut abtrock-

nen und knusprig fritieren. Getrocknete Pilze mindestens 30 Minuten lang in warmem Wasser einweichen, dann abwaschen und die Tongku Pilze entstielen. Öl in einem großen Topf leicht erhitzen und alle Zutaten (bis auf die Frühlingszwiebeln) darin zum Kochen bringen. Ca. 30 – 45 Minuten lang bedeckt köcheln lassen, bis alle Zutaten weich sind. Falls das Gericht nicht genügend angedickt ist, etwas in wenig kaltem Wasser aufgelöstes Pfeilwurzmehl (Arrowroot) oder Kuzu einrühren und einige Minuten lang köcheln lassen. Vor dem Servieren mit Frühlingszwiebeln bestreuen.

Anmerkung: Für Seitan die rohe Weizengluten-Masse mit Wasser, Shoyu, Kombu-Alge und Ingwer ca. 1 Stunde lang im Dampfdrucktopf garen lassen und heiß mit der Brühe schnell in Schraubdeckelgläser bis zum Rand füllen. Die Gläser sofort leicht zuschrauben und in einen großen, tiefen Topf stellen, der mit kochendem Wasser gefüllt ist, so daß die Gläser mindestens zur Hälfte im Wasser stehen. Bedeckt ca. 10 – 20 Minuten lang das Wasser leicht köcheln lassen. Gläser herausnehmen, sofort fest zuschrauben und auf den Deckel stellen, gut abkühlen lassen. So behandelt, ist der Seitan monatelang haltbar.

Würzige Auberginen

1 EL gelber Sesam, ungeschält
3 Auberginen
ca. 1 EL Salz
ca. 4 EL Erdnußöl
4 Knoblauchzehen, in Scheiben
* geschnitten*
2 Prisen Gewürzpulver
2 El Reiswein
1 EL Shoyu
2 Frühlingszwiebeln,
* in feine Ringe geschnitten*

Sesam waschen, abtropfen lassen und in einer mäßig erhitzten, ungefetteten Pfanne unter ständigem Rühren rösten, bis die Samen aufplatzen und zu »springen« beginnen. Auberginen längs in ca. 1 cm dicke Scheiben schneiden, mit Salz einreiben und beschwert ca. 30 Minuten lang stehen lassen. Auberginen abwaschen und abtrocknen, auf ein gefettetes Backblech legen und ihre Oberfläche einölen. Bei mittlerer Hitze auf jeder Seite ca. 10 – 15 Minuten lang backen oder auf Holzkohle grillen. Auberginenscheiben in ca. 2 cm breite Streifen schneiden. 1 EL Öl in einem Wok – ersatzweise in einer großen Pfanne – erhitzen, Knoblauch darin glasig sautieren, Auberginen und Gewürzpulver vorsichtig einrühren und 2 Minuten lang mit sautieren. Reiswein und Shoyu unterrühren, nach weiteren 1 – 2 Minuten vom Feuer nehmen und vor dem Servieren mit Frühlingszwiebeln und Sesam bestreuen.

Bambussprossengemüse

½ Tasse getrocknete Tongku Pilze
  (Shiitake)
¼ Tasse getrockneter Salzkohl
1 Tasse Bambussprossen, möglichst
  frisch
2 EL Sesamöl
ca. ¼ Tasse Gemüsebrühe oder
  Wasser
1 TL Shoyu

Pilze und Salzkohl getrennt ca.
30 Minuten lang in warmem Wasser einweichen, gut waschen und
abtropfen lassen und die Pilze entstielen. Pilzköpfe halbieren, Kohl in
feine Streifen und Bambussprossen
in dünne Scheiben schneiden. Öl in
einem Wok – ersatzweise in einer
großen Pfanne – erhitzen und die
Bambussprossen darin unter Rühren
2 – 3 Minuten lang sautieren. Dann
Pilze und Kohl zugeben und weiter-
hin rühren. Nach 2 Minuten Brühe
angießen, diese schnell zum Kochen bringen und bedeckt ca.
5 Minuten lang köcheln lassen, bis
das Gemüse weich ist. Mit Shoyu
beträufeln, gut mischen und nach
1 Minute servieren.

Zuckerschoten-Wasserkastanien-Gemüse

2 Tassen Wasserkastanien,
  möglichst frisch
½ TL Reismalz
½ EL Shoyu
3 Frühlingszwiebeln
3 EL Erdnußöl
2 Tassen Zuckerschoten
1 TL Sesamöl

Wasserkastanien schälen und in
dünne Scheiben schneiden. Reismalz in Shoyu auflösen. Frühlingszwiebeln längs halbieren und in
Halbmonde schneiden. Erdnußöl in
einem Wok – ersatzweise in einer
großen Pfanne – erhitzen und Wasserkastanien darin unter Rühren
1 Minute lang sautieren. 2 EL Wasser zugeben und 3 Minuten lang
unter Rühren köcheln lassen. Kochtemperatur schnell erhöhen; Frühlingszwiebeln und Zuckerschoten
zugeben und einmal umrühren.
Schnell das in +Shoyu aufgelöste
Reismalz und Sesamöl einrühren,
von der Kochstelle nehmen und
sofort servieren. (Falls Wasserkastanien aus der Dose verwendet
werden, diese nur 1 Minute lang
köcheln lassen.)

Knackiges Grün

*1 kg chinesischer Brokkoli
(morning glory), ersatzweise
Choi oder Brokkoli
2 EL Erdnußöl
1 ½ TL Ingwerwurzel, sehr fein
gehackt
1 TL Knoblauch, sehr fein gehackt
1 – 2 TL Shoyu*

Falls chinesischer Brokkoli oder
Brokkoli verwendet wird und dieser
sehr dicke Stengel hat, diese dünn
schälen und längs in dünne Scheiben schneiden. Blätter und dünne
Stiele in ca. 7 cm große Stücke
schneiden. Öl in einem Wok —
ersatzweise in einer großen Pfanne
– erhitzen; Ingwer und Knoblauch
darin einige Sekunden lang sautieren (dabei nicht braun werden
lassen). Gemüse zugeben und bei
hoher Hitze 30 Sekunden lang
unter Rühren sautieren. Nun ca.
2 EL Wasser und Shoyu zugeben
und unter ständigem Rühren einige
Sekunden lang garen lassen, bis das
Gemüse bißfest knackig und die
Kochflüssigkeit verdunstet ist. Falls
Brokkoli verwendet wird, die Röschen einige Zeit nach den Stengeln
und den Stielen zugeben. Andere
Choi-Sorten benötigen nur eine
sehr kurze Garzeit.

Gewürzpulver

*je 1 TL Pfefferkörner, Sternanis,
Fenchelsamen, Zimt und Nelken*

Alle Zutaten in der Kaffeemühle
fein mahlen.

Auf einer Reise in China wurden wir zum
Essen in ein vegetarisches Restaurant
eingeladen. Als wir die angebotenen Speisen
sahen, trauten wir der Sache vorerst nicht
ganz, denn alles sah aus wie Fleisch,
Würstchen etc. Doch unser Gastgeber
versicherte uns, alle angebotenen Speisen
seien tatsächlich rein vegetarisch.
In diesem ausgezeichneten vegetarischen
Restaurant wurden köstliche Seitan- und
Sojagerichte angeboten. Dennoch war es für
uns, die wir uns seit langen Jahren
vegetarisch ernähren, zunächst ein
komisches Gefühl, etwas zu essen, das in
Aussehen und Geschmack so viel Ähnlichkeit
mit Fleisch hatte.

Würzig eingelegter Kohlsalat

1 kleiner Weißkohl
ca. ½ EL Salz
1 – 2 TL Reisessig
½ TL Reismalz
½ – 1 frische rote Chilischote,
* sehr fein gehackt*
4 cm Ingwerwurzel, in sehr feine
* Streifen geschnitten*
4 Blätter Chinakohl,
* in feine Streifen geschnitten*
einige Tropfen geröstetes Sesamöl

Weißkohl in feine Streifen schneiden, einsalzen, gut durchkneten und beschwert 2 – 3 Tage lang an einem nicht zu kühlen Ort fermentieren lassen. Dann abwaschen und ausdrücken. Aus Reisessig, Reismalz und etwas Wasser ein Dressing rühren und dieses zusammen mit Chili und Ingwer gut in das Kraut einmischen. Einige Stunden lang an einem warmen Ort ziehen lassen. Kurz vor dem Servieren Chinakohl einmischen, mit dem Sesamöl beträufeln und den Salat bei Zimmertemperatur servieren.

Lotuswurzelsalat

2 EL Erdnußöl
2 frische rote Chilischoten, in sehr
* dünne Scheiben geschnitten*
1 EL Sesamöl
1 EL Reisessig
½ EL Shoyu
500 g frische Lotuswurzeln,
* in sehr dünne Scheiben*
* geschnitten*

Erdnußöl in einem Wok – ersatzweise in einer Pfanne – erhitzen. Bei mittlerer Hitze Chilischoten darin unter Rühren 2 Minuten lang sautieren. Öl in eine Schüssel absieben. Sesamöl, Reisessig und Shoyu zugeben und Lotuswurzeln gut untermischen. Vor dem Servieren mindestens 15 Minuten lang bei Zimmertemperatur ziehen lassen.

Kokosschnitten

4 EL Agar Agar-Flocken
3 ½ Tassen Wasser
2 Tassen dicke Kokosmilch
2 EL Palmzucker
einige Litschis, geschält

Agar Agar in kaltem Wasser gerade bedeckt einige Minuten lang einweichen. 3 Tassen Wasser und Kokosmilch zum Kochen bringen, Agar Agar mit dem Schneebesen schnell einrühren und einige Minuten lang köcheln lassen, bis es aufgelöst ist. In eine flache, feuerfeste Form gießen, so daß die Masse ca. 1 cm dick ist. Abkühlen und erstarren lassen, dann in ca. 4 x 7 cm große Rechtecke schneiden und auf Portionstellern anrichten.
Aus ½ Tasse Wasser und Palmzucker einen Sirup kochen, diesen durch ein feines Sieb geben, gut abkühlen lassen und über die Schnittchen gießen. Vor dem Servieren mit Litschis garnieren.

Korea

Reis mit Hirse

*1 ½ Tassen ungeschälter
 Rundkornreis
½ Tasse Hirse
3 ½ Tassen Wasser
2 Prisen Salz*

Reis und Hirse mit Wasser im
Dampfdrucktopf aufsetzen, zum
Kochen bringen, salzen und unter
geringem Druck ca. 45 Minuten
lang garen lassen.

Würzige Bohnensprossen

*1 EL gelber Sesam, ungeschält
8 Tassen Mungbohnensprossen
5 Frühlingszwiebeln,
 in feine Ringe geschnitten
1 frische rote Chilischote,
 in feine Ringe geschnitten
2 Knoblauchzehen, zerrieben
¼ TL Salz*

Sesam gut waschen, abtropfen
lassen und in einer mäßig heißen,
ungefetteten Pfanne unter ständigem Rühren rösten, bis die Samen
aufplatzen und zu »springen« beginnen. Bohnensprossen in kochendem Wasser eine Sekunde lang
blanchieren und gut abtropfen
lassen. Frühlingszwiebeln, Chilischote und Knoblauchzehen mit
allen anderen Zutaten vorsichtig
vermischen.

Gekochte Süßkartoffeln

4 Süßkartoffeln

Süßkartoffeln ungeschält in kaltem Salzwasser aufsetzen und leicht bedeckt ca. 20 – 30 Minuten lang köcheln lassen, bis sie weich sind. Traditionell werden in der Schale gekochte Süßkartoffeln zu jeder Mahlzeit gereicht.

Süß-scharfer Kürbis

750 g Kürbis (nicht zu wäßrige
*   Sorte)*
1 EL Reismalz
10 cm Ingwerwurzel, fein gerieben
1 Prise weißer Pfeffer
½ EL Shoyu
2 EL gelber Sesam, ungeschält
einige grüne Knoblauchschlotten,
*   fein geschnitten*

Kürbis schälen und in ca. 2 ½ cm große Würfel schneiden. Reismalz in ½ Tasse Wasser auflösen und zusammen mit Kürbis, Ingwer und Pfeffer in einem großen, tiefen Topf bedeckt ca. 20 – 30 Minuten lang köcheln lassen, bis der Kürbis weich ist. Shoyu überträufeln und bedeckt eine Minute lang ziehen lassen. In der Zwischenzeit Sesam gut waschen, abtropfen lassen und in einer nicht zu heißen, ungefetteten Pfanne unter Rühren rösten, bis die Samen aufplatzen und zu »springen« beginnen. Vor dem Servieren Sesam und Knoblauchgrün über den Kürbis streuen.

Auberginenblumen

2 TL gelber Sesam, ungeschält
8 längliche Babyauberginen
4 EL Frühlingszwiebeln,
    in feine Ringe geschnitten
2 Knoblauchzehen, zerdrückt
¼ TL Reismalz
1 TL Sesamöl
½ EL Shoyu
1 Prise schwarzer Pfeffer
ca. 6 EL Wasser

Sesam gut waschen, abtropfen
lassen und in einer nicht zu heißen,
ungefetteten Pfanne unter Rühren
rösten, bis die Samen aufplatzen
und zu »springen« beginnen. Auberginen längs vierteln, ohne das Stiel-
ende durchzuschneiden, so daß die
Viertel zusammenhalten, und in
köchelndem Wasser vorsichtig ca.
5 Minuten lang blanchieren, bis sie
weich sind. Stiele vorsichtig abschneiden, ohne daß die Viertel
auseinanderfallen, und die Auberginen mit der Haut nach unten auf
einer Servierplatte arrangieren. Aus
den restlichen Zutaten ein Dressing
mischen und über die heißen Auberginen geben. Einige Zeit lang gut
durchziehen lassen und kalt servieren.

Brunnenkresse mit Sesam

2 EL gelber Sesam, ungeschält
500 g Brunnenkresse
½ EL Sesamöl
½ EL Shoyu
1 Prise schwarzer Pfeffer

Sesam gut waschen, abtropfen
lassen und in einer mäßig erhitzten
Pfanne unter Rühren rösten, bis die
Samen aufplatzen und zu »springen« beginnen. Brunnenkresse in
kochendem Wasser eine Sekunde
lang blanchieren, abtropfen lassen
und mit den übrigen Zutaten vorsichtig und gut mischen.

Eingelegter Chinakohl

3 ¼ EL Salz
1 ½ l Wasser
1 kg Chinakohl,
in feine Streifen geschnitten
6 Frühlingszwiebeln,
in feine Ringe geschnitten
4 Knoblauchzehen, fein gehackt
4 cm Ingwerwurzel, fein gehackt
1 – 2 frische rote Chilischoten,
fein gehackt
1 EL Reismalz

3 EL Salz vollständig in Wasser auflösen, Kohlstreifen hineingeben und beschwert 12 Stunden lang fermentieren lassen. Kohl herausnehmen, mit den restlichen Zutaten mischen, in ein Glas füllen und mit dem Salzwasser bis 2 ½ cm unterhalb des Glasrandes auffüllen, so daß der Kohl bedeckt ist. 3 Tage lang an einem nicht zu kühlen Ort sauer fermentieren lassen. Zwischendurch eventuell entstehenden Schaum abschöpfen.

Scharfer Rettichsalat

1 großer weißer Rettich
1 cm Ingwerwurzel, fein gehackt
½ EL Reismalz
2 EL Reisessig
1 EL Sesamöl
½ TL Chilipulver
¼ TL Salz

Rettich in feine Stifte schneiden. Aus Ingwer und den restlichen Zutaten ein Dressing rühren und gut in den Rettich einmischen. Vor dem Servieren kurz durchziehen lassen.

Süße Sesamspiralen

4 Tassen gelber Sesam, ungeschält
4 Tassen schwarzer Sesam,
ungeschält
ca. 3 Tassen Reismalz

Sesam waschen und gut abtropfen lassen. Nacheinander zunächst den schwarzen, dann den gelben Sesam in einer mäßig heißen Pfanne unter Rühren rösten, bis die Samen aufplatzen und zu »springen« beginnen. Je mit ca 1 ½ Tassen Reismalz vermischen und getrennt zwischen Wachspapier gleichgroß rechteckig ausrollen. Den schwarzen Sesam auf den gelben legen und längs aufrollen. Vor dem Servieren in Scheiben schneiden.

Japan

Buchweizennudeln in Brühe

4 cm Kombu-Alge
2 getrocknete Shiitake Pilze
4 Tassen Wasser
4 cm Ingwerwurzel, klein
   geschnitten
400 g japanische
   Buchweizennudeln (Soba)
1 – 2 TL Tamari oder Shoyu
4 Frühlingszwiebeln, in feine Ringe
   geschnitten

Alge und Pilze getrennt mindestens
30 Minuten lang in Wasser einweichen. Pilze entstielen, halbieren
und sorgfältig waschen. Das abge-
siebte Einweichwasser mit 4 Tassen
Wasser, der Alge, Ingwer und Pilzen
zum Kochen bringen und bedeckt
ca. 30 Minuten lang köcheln lassen,
bis das Gemüse weich ist. In der
Zwischenzeit einen großen Topf mit
Wasser gefüllt zum Kochen bringen
und die Nudeln darin ca. 5 – 7 Minuten lang leicht unter gelegentlichem Rühren köcheln lassen, bis
die Nudeln bißfest weich sind.
Nudeln abgießen, in kaltes Wasser
tauchen und gut abtropfen lassen.
Alge, Ingwer und Pilze aus dem
Sud entfernen, mit Tamari abschmecken und 1 Minute lang
leicht köcheln lassen. Nudeln in
Schälchen verteilen und Algen-Pilz-

Brühe darüber gießen. Mit Frühlingszwiebeln bestreut servieren.

○ *Variante:* Die Nudeln können
auch kalt, z. B. mit einer Soße aus
Shoyu, Mirin (Reislikör) und Ing-
wersaft serviert werden.

In einer kleinen Stadt in Japan sahen
wir jeden Morgen, wie ein Mann mit
einem Wägelchen von Haus zu Haus
zog. Nein, es war natürlich nicht der
Milchmann, es war der Tofumann!

Bunter Sojabohnentopf

1 Tasse getrocknete gelbe
   Sojabohnenkerne
4 cm Kombualge
12 Scheiben getrocknete
   Lotuswurzeln
4 getrocknete Shiitake Pilze
4 Scheiben getrockneter Tofu
2 große Zwiebeln, grob gehackt
1 Selleriestange, in ca. 1 cm große
   Stücke geschnitten
10 cm Klettenwurzel, in ca. 2 cm
   große Würfel geschnitten
1 Karotte, in ca. 2 cm große Würfel
   geschnitten
1 Tasse Hokkaido-Kürbis, in ca.
   2 cm große Würfel geschnitten
1 EL Kuzu
2 – 3 TL Shoyu
4 cm Ingwerwurzel
4 Frühlingszwiebeln, in Ringe
   geschnitten

Bohnen mit Alge nach dem Grundrezept (siehe Seite 10) ca. 1 ½ – 2
Stunden lang im Dampfdrucktopf
garen. Lotuswurzel, Pilze und Tofu
mindestens 30 Minuten lang in
warmem Wasser einweichen und
gut abwaschen. Pilze entstielen und
vierteln, Tofu vorsichtig ausdrücken
und in ca. 1 cm große Würfel
schneiden. Alge in kleine Würfel
schneiden und auf den Boden eines
großen Topfes legen. Zwiebeln,
Lotuswurzelscheiben, Pilze, Tofu,
Selleriestange, Klettenwurzel, Karotte und Kürbis in der angegebe-
nen Reihenfolge im Topf schichten.

Bohnen mit dem Kochwasser zugeben und bedeckt ca. 30 – 45 Minuten lang köcheln lassen, bis die
Klettenwurzel weich ist. Zwischendurch die Wassermenge kontrollieren; am Ende der Garzeit sollte
nicht das ganze Wasser verkocht
sein. Kuzu in wenig kaltem Wasser
auflösen, in den kochenden Eintopf
einrühren und einige Minuten lang
köcheln lassen. Falls das Gericht zu
dickflüssig wird, ein wenig Wasser
einrühren. Mit Sojasoße abschmek-
ken, bedeckt 1 Minute lang leicht
köcheln lassen und von der Kochstelle nehmen. Ingwer fein reiben,
Saft ausdrücken und in den Topf
mischen. Vor dem Servieren mit
Frühlingszwiebeln bestreuen.

Gekochter weißer Rettich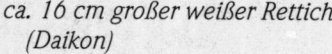

ca. 16 cm großer weißer Rettich
   (Daikon)
ca. 2 Tassen Wasser
2 cm Kombu-Alge
2 TL Shoyu
2 EL Reiswein (Sake)
2 EL Reislikör (Mirin)
4 TL Gerstenmiso

Rettich in ca. 2 cm dicke Scheiben
schneiden. In einem großen Topf
Wasser, Alge, Sojasoße und Rettichscheiben bedeckt ca. 10 – 20 Minuten lang köcheln lassen, bis der
Rettich weich ist. In der Zwischenzeit Reiswein und Reislikör erhitzen, abkühlen lassen und mit dem
Miso gut verrühren. Die abgetropften Rettichscheiben dünn mit der
Misomischung bestreichen.

Algengemüse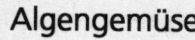

2 EL gelber Sesam, ungeschält
2 Tassen Arame Alge, getrocknet
1 EL Sesamöl
3 Zwiebeln, in Halbmonde
   geschnitten
1 Karotte, in ca. ½ cm dicke
   Stäbchen geschnitten
ca. 2 TL Shoyu

Sesam waschen, abtropfen lassen
und in einer mäßig heißen, ungefetteten Pfanne unter ständigem
Rühren rösten, bis die Samen
aufplatzen und zu »springen« beginnen. Alge gut waschen und abtropfen lassen. Öl in einem kleinen Topf
erhitzen und Zwiebeln darin unter
Rühren glasig sautieren. Karotte
zugeben und unter Rühren einige
Minuten lang mit sautieren. Alge
und ca. ½ Tasse Wasser zugeben
und ca. 35 Minuten lang bedeckt
köcheln lassen, bis die Arame
weich und die Flüssigkeit absorbiert
ist. Zwischendurch die Wassermenge kontrollieren. Mit Sojasoße abschmecken und bedeckt 1 Minute
lang köcheln lassen. Sesam kurz vor
dem Servieren unterrühren.

In Teig fritiertes Gemüse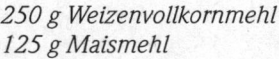

250 g Weizenvollkornmehl
125 g Maismehl
ca. 3 Tassen Wasser
2 EL Kuzu
1 EL Shoyu
2 Karotten, in feine Stäbchen
geschnitten
2 cm dicke Scheibe Hokkaido
Kürbis, in feine Stäbchen
geschnitten
2 Zwiebeln, in feine Stäbchen
geschnitten
4 Röschen Blumenkohl, in kleine
Röschen zerteilt

Weizen- und Maismehl mischen und mit dem Schneebesen soviel kaltes Wasser einrühren, daß ein dünner Teig (ähnlich wie Pfannkuchenteig) entsteht. Kuzu in etwas kaltem Wasser auflösen, in die Sojasoße einrühren und ca. 30 Minuten lang ruhen lassen. Einige Gemüsestäbchen mit Bambuskochstäbchen aufnehmen, in den Teig tauchen und knusprig fritieren, bis sie eine goldene Farbe annehmen. Dazu saures Ingwer Dip (siehe Seite 147) und kleine Bällchen aus feingeriebenem, ausgedrückten Rettich, mit je einem Tropfen Shoyu beträufelt, servieren.

○ *Variante:* Es können auch größere, kurz blanchierte Gemüsestücke fritiert werden. Alle nicht zu stark wasserhaltige Gemüsesorten eignen sich für dieses Gericht. Versuchen Sie z. B. auch einmal Nori-Algen!

Pikante Brunnenkresse

500 g Brunnenkresse
ca. 2 TL Meerrettich-
Brunnenkresse Pulver (Wasabi)
ca. 2 TL Reisessig (Genmai Su)
ca. 1 TL Shoyu

Brunnenkresse 1 Minute lang in kochendem Wasser blanchieren, gut abtropfen lassen und nach Belieben grob oder fein hacken. Die restlichen Zutaten mit etwas Wasser mischen und einige Minuten lang ziehen lassen. Vorsichtig, aber gut in die Brunnenkresse einmischen und sofort servieren.

Algenrollen

*1 Karotte, in ca. 1 cm dicke
Stäbchen geschnitten
1 – 2 Scheiben Tofu, ca. 1 cm dick
und in ca. 1 cm breite Stäbchen
geschnitten
1 Tasse ungeschälter Rundkornreis
2 Tassen Wasser
2 Prisen Salz
ca. 1 – 1 ½ EL Umeboshi-Essig
(Ume Su)
2 Blätter Nori-Alge
2 Frühlingszwiebeln*

Karotte bißfest dämpfen. Tofu in
kochendes Salzwasser geben und
10 Minuten lang köcheln lassen.
Reis mit Wasser im Dampfdrucktopf
aufsetzen, zum Kochen bringen,
1 Prise Salz zugeben, bei niedrigster
Stufe ca. 45 – 50 Minuten lang
garen und gut abkühlen lassen.
Essig mit der Hand in den kalten
Reis einarbeiten. Algenblätter mit
der glänzenden Seite nach unten
vorsichtig über einer kleinen Gas-
flamme (oder mit Hilfe eines flachen Holzlöffels in einer mäßig
heißen Pfanne auf dem Elektro-
herd) rösten, bis sie die Farbe ver-
ändern. Am besten die Blätter
längs, mit der glänzenden Seite
nach unten auf Bambus-Sushimat-
ten legen. Mit dem Reis ca. 1 cm
dick bestreichen; dabei das obere
Drittel sowie unten ca. 2 cm breit
frei lassen. In die Mitte quer je
1 Frühlingszwiebel, 2 – 3 Karotten-
und Tofustäbchen hintereinander
legen und die Alge mit der Matte
vorsichtig in Richtung der größeren
freien Stelle aufrollen bzw. zusam-
menfalten, so daß die beiden Reis-
ränder sich treffen und das Gemüse
in der Mitte der Rolle ist. Etwas
weiterrollen und vorsichtig, aber
gut festdrücken und zu einer run-
den Rolle formen. Bis zum Ende
des Algenblattes aufrollen und
leicht zusammendrücken. Eventuell
die freie Stelle mit sehr wenig Essig
oder Wasser beträufeln, falls das
Ende der Alge nicht an der Rolle
kleben bleibt. Nach Belieben mit
einem scharfen feuchten Messer in
1 ½ – 2 cm breite Scheiben oder
diagonal in größere Stücke schneiden und auf der Schnittfläche
liegend servieren. Mit saurem Ing-
wer-Dip (siehe Seite 147) servieren.
Falls Sie ein Naturtalent sind, sollten die Rollen schön rund sein,
einen Durchmesser von ca.
4 – 5 cm haben, und das Gemüse
sollte in der Mitte sitzen, mit einem
geschlossenen Reisrand drumherum
und einer Norischicht um den Reis.

○ *Variante:* Der Füllung von Nori-
rollen sind keine Grenzen gesetzt,
sehr häufig wird auch fermentiertes
Gemüse verwendet.

Saurer Ingwer-Dip

ca. 5 cm Ingwerwurzel
1 Tasse Wasser
ca. 2 EL Reisessig (Genmai Su)
1 TL Shoyu

Ingwer fein reiben und den Saft
ausdrücken. Mit den restlichen
Zutaten vermischen.

○ *Variante:* Anstelle von Reisessig
ca. 1 EL Zitronensaft verwenden.

Gurken-Algensalat

1 Tasse Wasser
1 cm Kombu Alge
½ Salatgurke, in feine Scheiben
geschnitten
4 cm Wakame-Alge
1 EL Reisessig (Genmai Su)
1 TL Shoyu

Wasser und Kombu-Alge bedeckt
ca. 30 Minuten lang köcheln lassen
und Alge entfernen. Wakame-Alge
in Wasser einweichen und nach ca.
15 Minuten in kleine Stücke
schneiden. Gurke und Wakame-
Alge gut mischen. Das gut abge-
kühlte Algenkochwasser, das
Algeneinweichwasser, Essig und
Sojasoße mischen und über die
Gurke geben. Vor dem Servieren
kurz ziehen lassen.

Bohnendessert

2 Tassen getrocknete
Azukibohnenkerne
2 gehäufte EL Agar Agar Flocken
3 Tassen Wasser
1 Prise Salz

Bohnen nach dem Grundrezept
(siehe Seite 10) in ca. 35 – 45 Minuten garen und in einer Küchenmaschine pürieren. Agar Agar mit
etwas kaltem Wasser verrühren und
einige Minuten lang einweichen.
Wasser zum Kochen bringen; Salz
und Bohnenpüree einrühren. Agar
Agar mit einem Schneebesen in die
kochende Masse einrühren und
einige Minuten lang köcheln lassen,
bis das Agar Agar gut aufgelöst ist.
Ca. 3 cm hoch in eine feuerfeste
Form füllen, abkühlen und erstarren lassen und in kleine Rechtecke
schneiden.

○ *Variante:* Nach Belieben 1 – 2 EL
Reismalz in das Wasser mischen.

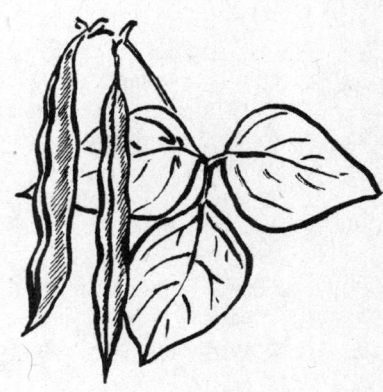

Indien

Goldener Reis

½ – ¾ TL Safranfäden
3 – 4 EL Erdnußöl oder klarifizierte
  Butter (Ghee)
1 Nelke
6 grüne Kardamomkapseln,
  leicht zerdrückt
3 – 5 ca. 3 cm große Stücke
  schwarzer Zimt
2 – 4 Knoblauchzehen,
  klein gehackt
2 Tassen ungeschälter Basmatireis,
  gut gewaschen und abgetropft
3 ½ Tassen Wasser
½ Tasse Sultaninen
¾ Tasse Cashewnüsse
¼ TL Salz

Safran in wenig heißem Wasser ca.
30 Minuten lang einweichen. Öl
bzw. Ghee in einem großen, flachen Topf erhitzen und Nelken,
Kardamomkapseln und Zimtstangen
darin unter Rühren ca. 30 Sekunden lang sautieren, bis die Samen
aufplatzen und zu »springen« beginnen. Knoblauch zugeben und einige
Sekunden lang mit sautieren, bis er
glasig ist (nicht braun werden lassen). Reis zugeben und ebenfalls
unter Rühren mit sautieren, bis er
glasig ist. Wasser angießen, Safran
einrühren, Sultaninen und Nüsse
zugeben und zum Kochen bringen,
salzen und bedeckt im vorgeheizten

Backofen bei 200° C ca. 35 Minuten lang auf der mittleren Schiene
garen. Mit einem Holzlöffel umrühren, sofort wieder bedecken und
einige Minuten lang ruhen lassen.

○ *Variante:* Reis kann auf diese Art
mit ganz unterschiedlichen Zutaten
zubereitet werden. Mit dieser Zuta-
tenmischung wird er gern zusammen mit knusprig gebratenen
feinen Zwiebelhalbmonden serviert
und mit leicht sautiertem Cashewbruch bestreut.

Linsen-Bohnentopf

1 Tasse rote Linsenhälften
  (Masoor dal)
1 Tasse geschälte Mungbohnenhälften (Moong dal)
4 cm Ingwerwurzel, klein gehackt
8 Knoblauchzehen, klein gehackt
4 – 6 frische grüne Chilischoten,
  klein gehackt
2 EL Erdnußöl oder klarifizierte
  Butter (Ghee)
2 EL Kreuzkümmel (Kumin)
2 Eiertomaten, enthäutet und
  püriert
1 TL Gelbwurz, gemahlen
  (Kurkuma)
10 Curryblätter
¼ TL Salz

Linsen und Bohnen nach dem
Grundrezept (siehe Seite 10) blanchieren. Hülsenfrüchte mit Ingwer,

4 Knoblauchzehen und 2 Chilischoten sowie ca. 4 Tassen Wasser in
2 – 2 ½ Stunden bedeckt weich
und sämig kochen. Zwischendurch
die Flüssigkeitsmenge kontrollieren.
Öl in einer Pfanne erhitzen und
darin die restlichen Chilischoten
und Knoblauchzehen sowie Kreuzkümmel leicht sautieren, bis der
Knoblauch glasig – nicht braun —
ist. Tomaten, Gelbwurz, Curryblätter und Salz einrühren und unter
die gegarten Hülsenfrüchte
mischen. Ca. 5 Minuten lang
köcheln lassen.

Exotischer Gemüsetopf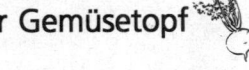

3 Maiskolben, in ca. 4 cm dicke
*   Scheiben geschnitten*
ca. 10 cm Yam, geschält und in ca.
*   4 cm große Würfel geschnitten*
2 Kartoffeln, in ca. 4 cm große
*   Würfel geschnitten*
¼ TL Salz
¼ TL Gelbwurz, gemahlen
*   (Kurkuma)*
2 Tassen Okra, entstielt
7 Cassavablätterstiele, in ca.
*   4 cm lange Stücke geschnitten*
1 grüne unreife Banane (möglichst
*   ungeschält), diagonal in ca. 4 cm*
*   dicke Scheiben geschnitten*
1 EL Kichererbsenmehl
¾ Tasse dünne Kokosmilch
1 frische grüne Chilischote,
*   fein gehackt*
2 cm Ingwerwurzel, fein gehackt

1 EL Palmzucker
1 ½ EL Tamarinde-Fruchtfleisch
½ EL Chilipulver
½ Tasse dicke Kokosmilch

Mais, Yam und Kartoffeln mit Salz
und Gelbwurz in so viel Wasser,
daß das Gemüse gerade bedeckt ist,
ca. 10 – 15 Minuten lang köcheln
lassen, bis das Gemüse halb weich
ist. Okra, Cassavablätterstiele und
Banane zugeben und leicht bedeckt
weitere ca. 15 – 20 Minuten lang
köcheln lassen, bis das Gemüse
weich ist. Kichererbsenmehl in die
dünne Kokosmilch einrühren und
gut in das Gemüse einmischen.
Chilischote mit Ingwer im Mörser
zu einer Paste zerreiben. Palmzuk-
ker und Tamarinde in etwas warmem Wasser auflösen, durch ein
feines Sieb geben, zusammen mit
Chilipulver und Salz in das Gemüse
einrühren und einige Minuten lang
köcheln lassen. Dicke Kokosmilch
gut einrühren und den Topf sofort
vom Feuer nehmen.

Nussiger Kürbis

2 Zwiebeln, eine davon klein
gehackt, die andere in halbierte
Halbmonde geschnitten
4 EL Erdnußöl oder klarifizierte
Butter (Ghee)
1 EL Kichererbsenmehl
½ Tasse frische, geriebene
Kokosnuß
1 EL Koriandersamen
1 EL Kreuzkümmel (Kumin)
1 EL Mohnsamen
1 EL gelber ungeschälter Sesam
1 El in der Schale geröstete
Erdnüsse
¼ Tasse Mandeln
¼ Tasse Cashewbruch
¼ Zimtstange
6 frische grüne Chilischoten,
klein gehackt
10 Knoblauchzehen, klein gehackt
4 cm Ingwerwurzel, klein gehackt
6 Curryblätter
¼ TL Gelbwurz, gemahlen
(Kurkuma)
¼ TL Salz
2 Tassen Kokosmilch
2 Eiertomaten, enthäutet und
püriert
½ Zitrone
1 kg fester Kürbis (keine süße
Sorte), geschält und in ca. 4 cm
große Würfel geschnitten

Zwiebelhalbmonde in 1 EL Öl langsam unter gelegentlichem Rühren
goldbraun rösten. Kichererbsenmehl in einer mäßig heißen, unge-
fetteten Pfanne unter Rühren vorsichtig leicht rösten, mit Kokosnuß, Samen, Nüssen, Zimt, klein
gehackter Zwiebel, Chilischoten,
Knoblauch, Ingwer und etwas Wasser in einer Küchenmaschine zu
einer Paste vermahlen. In einem
großen, tiefen Topf das restliche Öl
leicht erhitzen und darin Paste,
Curryblätter, Gelbwurzpulver und
Salz vorsichtig unter Rühren einige
Sekunden lang sautieren. Die geröstete Zwiebel und die Kokosmilch
zugeben und zum Kochen bringen.
Tomaten, 1 Tasse Wasser, Zitronensaft und Kürbis zugeben. Leicht
bedeckt unter gelegentlichem Rühren ca. 15 Minuten lang köcheln
lassen, bis der Kürbis weich und die
Soße etwas eingekocht ist.

Gebratener Spinat

500 g Spinat
4 EL Erdnußöl oder klarifizierte
  Butter (Ghee)
2 Zwiebeln, in feine Halbmonde
  geschnitten
4 cm Ingwerwurzel, fein gehackt
½ TL Kreuzkümmel samen
2 Knoblauchzehen, fein gehackt
½ TL gemahlener Kreuzkümmel
½ TL schwarzer Kreuzkümmel
½ TL gemahlener Koriander
½ TL Chilipulver
¼ TL Salz
½ TL Gelbwurz, gemahlen
  (Kurkuma)

Spinat 1 Sekunde lang in kochendem Wasser blanchieren, abtropfen
lassen, leicht ausdrücken und grob
hacken. Öl in einer Pfanne erhitzen
und Zwiebeln darin knusprig braun
rösten. Ingwer zugeben und kurz
mitrösten. Kreuzkümmelsamen
eine Minute lang mit rösten und
Knoblauch einige Sekunden lang
mit sautieren, bis er glasig ist. Die
restlichen Gewürze (bis auf das
Gelbwurzpulver) einrühren, nach
1 Minute vorsichtigem Rösten vom
Feuer nehmen, Salz und Gelbwurzpulver einrühren und sofort den
Spinat einmischen. Zurück auf
den Herd geben und bei nicht zu
hoher Temperatur bedeckt 1 Minute lang schmoren lassen. Unbedeckt
1 weitere Minute lang unter Rühren garen.

Sagofritters

100 g Sago
½ TL Salz
2 ½ Tassen warmes Wasser
1 große, klebrige Kartoffel (am
  Vortag in der Schale gekocht)
25 g Kokosraspel
1 kleine Zwiebel, fein gehackt
2 frische grüne Chilischoten,
  fein gehackt
2 – 3 getrocknete Minzblätter,
  zwischen den Fingern fein
  zerrieben
1 EL Zitronensaft
½ TL schwarzer Pfeffer
ca. ½ l Erdnußöl

Sago mit Salz in warmem Wasser
30 Minuten lang einweichen, dann
abschütten. Kartoffel schälen und
pürieren. Kokosraspel in einer nicht
zu heißen, ungefetteten Pfanne
vorsichtig unter Rühren rösten, bis
sie eine goldene Farbe annehmen.
Alle Zutaten gut mischen, aus dem
Teig kleine Bällchen mit einem
Durchmesser von ca. 4 cm formen
und knusprig fritieren. Mit Tomatensoße servieren.

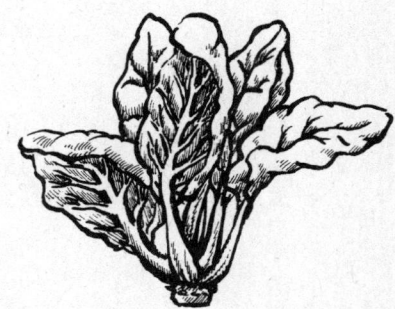

Würzige rohe Tomatenbeigabe

4 reife Eiertomaten
4 Knoblauchzehen
1 frische rote Chilischote
4 EL Korianderblätter
¼ TL Salz

Alle Zutaten in der Küchenmaschine pürieren, dann durch ein feines Sieb streichen und in Portionsschälchen füllen.

Mango-Gewürz-Pickles

2 ½ kg grüne unreife Mangos
250 g Salz
100 g Bockshornkleesamen (Methi)
100 g Fenchelsamen
45 g Chilipulver
45 g Zwiebelsamen
45 g Gelbwurz, gemahlen
  (Kurkuma)
45 g rote Chilischoten, getrocknet
30 g schwarze Pfefferkörner
ca. 1 ½ l Senföl

Die ungeschälten Mangos in ca. 2 cm große Stücke schneiden. Salz und Gewürze in einer großen Schüssel gut mischen. 250 ml des Senföls zugeben und rühren, bis alles gut vermischt ist und die Mischung feucht wird. Den Boden eines Glases mit einer kleinen Menge der Gewürzmischung bedecken, Mangos zur restlichen Gewürzmischung in die Schüssel geben, mit den Händen gut vermischen und einreiben. Die Mischung in das Glas füllen und fest verschließen. 2 – 3 Tage lang in die Sonne stellen, dabei zwei- bis dreimal täglich schütteln. Am vierten Tag das restliche Öl zugeben, so daß die Mangostückchen bedeckt sind. Weitere 3 – 4 Tage lang in die Sonne stellen, dann an einem warmen Ort 1 Monat lang fermentieren lassen. Zu jeder Mahlzeit oder auch als kleine Vorspeise mit fritierten oder gebackenen Papadam servieren.

Rohkost mit Koriander Würziger Fruchtsalat

2 große Zwiebeln, in sehr feine
halbierte Halbmonde geschnitten
½ Salatgurke, in sehr feine
Stäbchen geschnitten
2 Tomaten, geviertelt und quer in
feine Scheiben geschnitten
4 EL Korianderblätter, grob gehackt
¼ TL Salz
½ – 1 Zitrone, ausgepreßt
1 Prise schwarzer Pfeffer oder
1 Prise Chilipulver

Zwiebeln, Gurke und Tomaten
vermischen. Korianderblätter zugeben. Salz in Zitronensaft auflösen.
Pfeffer bzw. Chilipulver hinzufügen
und gut in das Gemüse einmischen.
Vor dem Servieren kurz ziehen
lassen.

1 Guave
1 kleine, reife Mango
¼ Honigmelone
1 Apfel
1 Tangerine
2 EL frisch gepreßter Orangensaft
1 EL Zitronensaft
3 TL Palmzucker oder Honig
¼ TL Kreuzkümmel (Kumin)
1 Prise Chilipulver
1 Prise gemahlener schwarzer
Pfeffer
1 Prise Salz
einige Minzeblätter

Obst in Würfel schneiden. Aus den
restlichen Zutaten (bis auf die Minzeblätter) eine Soße rühren und
über das Obst gießen. Mit Minze-
blättern bestreuen und nach Belieben auf leicht zerschlagenen
Eiswürfeln servieren.

Sri Lanka

Roter Kokosnußreis

ca. ½ l Kokosöl
1 Zwiebel, klein gehackt
2 Tassen roter Reis aus Sri Lanka
3 Tassen Wasser
1 Prise Salz
2 ca. 3 cm große Stücke
  schwarzer Zimt
½ Tasse frisch geriebene Kokosnuß
2 einfache Papadam

In einem großen, tiefen Topf 2 EL Öl erhitzen und die Zwiebel darin sautieren, bis sie eine goldene Farbe annimmt. Reis gut nach Steinchen durchsuchen, waschen und abtropfen lassen. Dann den Reis zu der Zwiebel geben und ca. 5 Minuten lang mit sautieren. Mit Wasser aufgießen und zum Kochen bringen. Salz und Zimt zugeben und bedeckt ca. 30 Minuten lang köcheln lassen. Kokosraspel übersprenkeln und bedeckt weitere 5 Minuten lang köcheln lassen. Mit einem Holzlöffel umrühren und bedeckt einige Minuten lang ziehen lassen. Mit fritierten Papadamstreifen servieren. Traditionell wird der Reis für den täglichen Bedarf mit nur wenig Salz in viel Wasser gekocht, welches am Ende der Garzeit abgegossen und getrunken wird. Diese »Reismilch« wird vor allem Babies sowie Nieren- und Blasenkranken gegeben.

Linsen mit Spinat

2 Tassen rote Linsenhälften
2 EL Kokosöl
¼ TL Salz
⅛ TL Zimt, gemahlen
⅛ TL Nelken, gemahlen
1 Prise Muskatnuß, gemahlen
½ TL schwarzer Pfeffer
1 ½ TL Gelbwurz, gemahlen
  (Kurkuma)
250 g Spinat, abgetropft und
  sehr grob geschnitten
3 Curryblätter
½ Stange Zimt

Linsen nach dem Grundrezept (siehe Seite 10) in ca. 30 Minuten im Dampfdrucktopf garen, abschütten, Kochwasser auffangen und die Linsen gut abtropfen lassen. Öl in einem großen, flachen Topf erhitzen. Salz und gemahlene Gewürze (bis auf das Gelbwurzpulver) darin unter Rühren 1 Minute lang vorsichtig rösten. Gelbwurzpulver einrühren, danach Linsen und Spinatblätter zugeben und unter Rühren kurz mit sautieren. Curryblätter und Zimtstange zugeben und mit etwas Linsenkochwasser angießen. Leicht bedeckt unter gelegentlichem Rühren ca. 20 – 30 Minuten lang leicht köcheln lassen, bis das Gericht sämig ist.

Karotten mit Cashewnüssen

1 TL schwarze Senfsaat
1 TL Kreuzkümmelsamen
2 EL Kokosöl
1 große Zwiebel, klein gehackt
1 frische rote Chilischote, fein
  gehackt
500 g Karotten, diagonal in ca.
  5 mm dicke Scheiben
  geschnitten
3 Curryblätter
1 TL Gelbwurz, gemahlen
  (Kurkuma)
¼ TL Salz
1 Tasse Cashewnüsse
2 Tassen dicke Kokosmilch

Eines Abends kamen wir sehr spät, müde und hungrig in einer kleinen Stadt in Sri Lanka an. Glücklicherweise fanden wir ein kleines Restaurant, das uns noch etwas anbieten konnte. Wir freuten uns auf ein lecker aussehendes Currygericht, das unserer Meinung nach aus grünen Bohnen zubereitet war. Unfreiwillig trugen wir dann sehr zur Unterhaltung der anderen Gäste bei, als wir leider erst nach dem ersten, etwas zu hastig hinuntergeschluckten Bissen merkten, daß es sich bei den vermeintlichen Bohnen um grüne Chilischoten handelte...

Senfsaat und Kreuzkümmelsamen in einer ungefetteten, leicht erhitzten Pfanne nacheinander langsam und vorsichtig unter Rühren leicht rösten. Öl in einem großen Topf erhitzen und Zwiebel darin goldbraun sautieren. Chilischote und geröstete Samen einrühren und kurz mit sautieren. Karotten mit Curryblättern, Gelbwurzpulver und Salz in wenig Wasser (so daß die Karotten gerade bedeckt sind) ca. 5 – 10 Minuten lang köcheln lassen, bis die Karotten halb weich sind und das Wasser verkocht ist. Öl mit Gewürzen zugeben und einige Minuten lang unter Rühren sautieren. Cashewnüsse und Kokosmilch zugeben und leicht bedeckt weitere ca. 5 – 10 Minuten lang köcheln lassen, bis die Karotten gar sind und die Soße etwas eingekocht ist.

Säuerliche Jackfruit

10 schwarze Pfefferkörner
4 Nelken
4 grüne Kardamomkapseln
1 Chilischote, getrocknet
15 Knoblauchzehen
4 cm Ingwerwurzel
3 frische grüne Chilischoten
4 EL Kokosöl
2 Zwiebeln, fein gehackt
¾ Zimtstange
1 Tasse frische geriebene Kokosnuß
1 TL Gelbwurz, gemahlen
  (Kurkuma)
1 Babyjackfruit (ca. 1 kg), geschält
  und in ca. 4 cm große Würfel
  geschnitten
¼ TL Salz
2 große Tomaten,
  enthäutet und püriert
2 EL Tamarinde-Fruchtfleisch,
  in wenig warmem Wasser
  aufgelöst und durch ein feines
  Sieb gegeben

Die ganzen getrockneten Gewürze (bis auf die Zimtstange) in einer Kaffeemühle fein mahlen. Knoblauch, Ingwer und frische Chilischoten fein hacken und im Mörser zu einer Paste vermahlen. Öl in einem großen, flachen Topf erhitzen und Zwiebeln darin glasig sautieren. Die in der Kaffeemühle gemahlenen Gewürze zugeben und 1 Minute lang vorsichtig unter Rühren rösten. Zimtstange ebenfalls in der Kaffeemühle mahlen. Knoblauch-Ingwer-Chilipaste zugeben, nach 1 Minute Kokosraspel, Gelb-

wurzpulver und Zimt einrühren und mit sautieren, bis sich das Öl trennt. Jackfruit und Salz gut einmischen, etwa 3 Tassen Wasser zugeben und bedeckt ca. 30 Minuten lang köcheln lassen. Tomaten und Tamarinde zugeben und leicht bedeckt weitere ca. 15 – 20 Minuten lang köcheln lassen, bis die Jackfruit weich und die Soße etwas eingedickt ist.

Würzige Kochbananen

1 TL schwarze Senfsaat
2 EL Kokosöl
1 große Zwiebel, in halbierte
  Halbmonde geschnitten
4 mittelreife Kochbananen,
  diagonal in ca. 5 mm dicke
  Scheiben geschnitten
1 TL Gelbwurz, gemahlen
  (Kurkuma)
1 Prise Salz
1 Prise schwarzer Pfeffer

Senfsaat in einer leicht erhitzten, ungefetteten Pfanne unter Rühren langsam und vorsichtig rösten. Öl in einem großen, flachen Topf erhitzen und Zwiebel darin sautieren, bis sie eine goldene Farbe annehmen. Kochbananen, Gewürze und etwas Wasser vorsichtig einrühren und bedeckt unter gelegentlichem Rühren bei sehr geringer Hitze ca. 20 – 30 Minuten lang schmoren lassen, bis die Bananen weich sind.

Grünes Blattgemüse mit Kokosnuß

*500 g Kassia- oder
    Passionsfruchtblätter, ersatzweise
    Brunnenkresse oder Petersilie
1 Zwiebel
1 – 2 frische grüne Chilischoten
2 EL Zitronensaft
½ TL Gelbwurz, gemahlen
    (Kurkuma)
¼ TL Salz
2 – 3 EL frische geriebene
    Kokosnuß*

Blätter fein zerpflücken und mit allen Zutaten (bis auf die Kokosraspel) in einem großen, flachen Topf geben. Etwas Wasser darüber träufeln und umrühren. Bedeckt bei mittlerer Hitze ca. 5 Minuten lang schmoren lassen. Kokosraspel zugeben und bei sehr geringer Hitze Blätter wenden und schütteln, so daß die Kokosraspel das gesamte Wasser aufnehmen können.

Eingelegte Limetten

*8 Limetten
ca. 8 EL Salz*

Limetten längs vierteln, dabei aber nicht ganz durchschneiden, sondern nur bis auf ca. 1 cm, so daß die Viertel noch verbunden sind. In jede Limette ca. 1 EL Salz füllen und in ein Glas schichten, dieses gut verschließen und ca. 3 Wochen lang an einem warmen Ort fermentieren lassen. Jeden Tag solange wie möglich in die Sonne stellen. Im Kühlschrank sind diese Pickles mehrere Monate lang haltbar. Zum Servieren Limetten abwaschen, in ca. 1 cm große Stücke schneiden, mit fein gehackten, frischen roten Chilischoten und Schalotten bzw. Zwiebeln vermischen und zu jeder Mahlzeit servieren.

Grün-weiß-rote Beigabe

*1 Bund Kotokol, ersatzweise
    glatte Petersilie
1 kleine Tomate
1 Zwiebel
1 frische rote Chilischote
1 Tasse frische geriebene Kokosnuß
1 EL Zitronensaft
¼ TL Salz*

Blätter und Tomate klein hacken,
Zwiebel und Chilischote sehr fein
hacken und mit den restlichen
Zutaten gut vermischen. Vor dem
Servieren kurz ziehen lassen. Zu
allen Gerichten als Rohkostbeigabe
servieren.

Reis-Kokos-Cashew-Schnittchen

*1 Tasse Reismehl
2 Tassen Kokosmilch
¼ Tasse Palmzucker
½ TL Kardamom, gemahlen
1 Prise Salz
½ Tasse Cashewbruch, grob
    gehackt
1 EL Kokosöl
einige Cashewnüsse*

Reismehl in einen Topf geben und
Kokosmilch langsam unter Rühren
einfließen lassen, ohne daß Klümpchen entstehen. Palmzucker in
wenig warmem Wasser auflösen
und durch ein feines Sieb geben.
Kardamom und Salz zugeben und
unter ständigem Rühren langsam
zum Kochen bringen. Bei geringer
Hitze unter ständigem Rühren
einige Minuten lang leicht köcheln
lassen, bis die Masse andickt und
sich vom Topfrand löst. Cashewbruch untermischen, die Masse in
eine gefettete, flache Form füllen,
gut abkühlen lassen und in beliebige Formen schneiden oder pressen.
Vor dem Servieren mit den ganzen
Cashewnüssen garnieren.

Thailand

Zitroniger Kokosreis

2 EL Erdnußöl
2 Tassen ungeschälter Jasminreis
4 Tassen dünne Kokosmilch
2 cm Ingwerwurzel, klein gehackt
2 Stangen Zitronengras, in sehr
feine Streifen geschnitten
1 TL Shoyu
4 EL Erdnüsse, in der Schale
geröstet und fein gehackt

Öl in einem nicht zu großen Topf
erhitzen. Reis gut waschen und
abtropfen lassen und im Öl einige
Minuten lang unter Rühren rösten,
bis er glasig ist. Kokosmilch angießen, Ingwer und Zitronengras zugeben und zum Kochen bringen.
Shoyu hineinträufeln und bedeckt
ca. 35 – 45 Minuten lang köcheln
lassen. Vor dem Servieren mit einem Holzlöffel umrühren, bedeckt
kurz ziehen lassen und mit Erdnüssen bestreuen.

Fritierte Mungbohnenbällchen

1 ½ Tassen geschälte Mungbohnen
2 EL Weizenvollkornmehl
4 TL rote Gewürzpaste
4 EL Palmzucker
1 EL Shoyu
2 Limettenblätter, in sehr feine
Streifen geschnitten
6 EL Reis- oder Kokosnußessig
½ TL Salz
ca. ½ l Erdnuß- oder Sojaöl

Bohnen über Nacht einweichen,
abschütten, waschen und im Mörser zu einer Paste zerreiben. 1 TL
Palmzucker in Shoyu auflösen und
durch ein feines Sieb geben. Nacheinander Mehl, Gewürzpaste, Palm-
zucker-Shoyu-Mischung und
Limettenblätter gut in die Bohnen-
paste einmischen, walnußgroße
Bällchen formen (dabei nicht zu
fest drücken) und diese knusprig
fritieren, bis sie eine goldene Farbe
annehmen. Den restlichen Palmzucker mit Essig und Salz in einem
kleinen Topf langsam unter Rühren
erhitzen, bis der Palmzucker aufgelöst ist. Dann durch ein feines Sieb
geben und abkühlen lassen. Als Dip
zu den Bohnenbällchen servieren.

In der Schale gegrillte Süßkartoffeln und Bananen

4 dünne, lange Süßkartoffeln
4 kleine, nicht zu reife Bananen,
  ungeschält

Bananen und Süßkartoffeln längs leicht einschneiden. Auf Holzkohle langsam und vorsichtig weich grillen.

Kürbispfanne

2 EL Erdnuß- oder Sojaöl
1 Knoblauchzehe, fein gehackt
4 frische rote Chilischoten, fein
  gehackt
½ TL Palmzucker
4 EL Gemüsebrühe oder Wasser
3 Limettenblätter, grob gehackt
750 g Kürbis (nicht zu wäßrige
  Sorte), in ca. 25 x 6 mm große
  Stücke geschnitten
2 TL Shoyu
20 rote thailändische
  Basilikumblätter

Öl in einem Wok – ersatzweise in einer großen Pfanne – erhitzen und Knoblauch und Chilischoten darin leicht sautieren, bis sie eine goldene Farbe annehmen. Palmzucker in der Gemüsebrühe bzw. Wasser auflösen und durch ein feines Sieb geben. Nacheinander Limettenblätter, Kürbis, Shoyu und Brühe unter ständigem Rühren zugeben. So lange weiterrühren, bis der Kürbis weich und die Kochflüssigkeit eingedickt ist. Basilikumblätter einrühren und sofort servieren.

Gemüse in zitronig-scharfer Kokossoße

2 EL Erdnuß- oder Sojaöl
2 EL grüne Gewürzpaste
2 Tassen dicke Kokosmilch
1 ½ Tassen Gemüsebrühe oder
Wasser
8 »gardeneggs«, halbiert
2 Tassen Meterbohnen,
ersatzweise grüne Bohnen,
in ca. 5 cm lange Stücke
geschnitten
8 Babymaiskolben, ganz
2 Tassen Kokoscreme
½ TL Palmzucker
¼ TL Salz
6 Limettenblätter, gehackt
4 – 6 frische rote oder grüne
Chilischoten, ganz
30 rote thailändische
Basilikumblätter

Öl in einem großen Topf erhitzen. Gewürzpaste einrühren, nach einigen Sekunden Kokosmilch und Gemüsebrühe bzw. Wasser zugießen und das Ganze unter Rühren zum Kochen bringen. »Gardeneggs«, Bohnen und Maiskolben zugeben und bedeckt unter gelegentlichem Rühren 2 – 3 Minuten lang köcheln lassen. Kochtemperatur erhöhen und Kokoscreme in der Soße auflösen. Palmzucker in wenig Wasser auflösen und durch ein feines Sieb geben. Zusammen mit Salz, Limettenblättern und Chilischoten in die Soße einrühren, schnell zum Kochen bringen und köcheln lassen, bis das Gemüse bißfest knackig ist. Nicht zu weich kochen! Basilikum einrühren, von der Feuerstelle nehmen und sofort servieren.

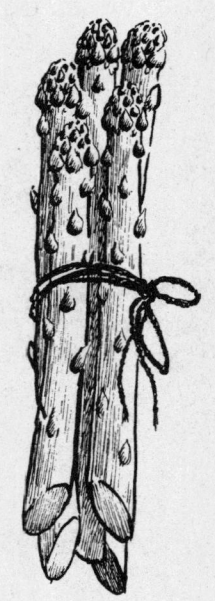

Grüne Pfanne

8 Tassen junger grüner Choi,
möglichst morning glory
(chinesischer Brokkoli)
1 Bund Frühlingszwiebeln
1 Bund grüne Knoblauchschlotten
2 Tassen dünner grüner
thailändischer Spargel
4 EL Erdnußöl
2 – 4 frische rote oder grüne
Chilischoten, diagonal in ca.
2 mm dicke Scheiben
geschnitten
4 Knoblauchzehen, zerrieben
1 Tasse gelbe Nadelpilze
½ EL Shoyu
2 Tassen Zuckerschoten

Blätter und Stiele des Choi, Frühlingszwiebeln und Knoblauchgrün
in ca. 7 cm lange Stücke schneiden.
Choi und Spargel in kochendes
Wasser geben und sofort abschütten. Öl in einem Wok – ersatzweise
in einer großen Pfanne – erhitzen
und Chilischoten und Knoblauchzehen darin unter Rühren einige
Sekunden lang sautieren. Das restliche Gemüse (bis auf die Zuckerschoten) und Shoyu zugeben und
einige Sekunden lang ständig rühren, bis das Gemüse knackig und
bißfest ist. Nicht zu weich garen!
Zuckerschoten und Knoblauchgrün
einrühren, vom Feuer nehmen und
sofort servieren.

Grüne Gewürzpaste

1 EL Zitronengras
1 EL Korianderwurzel
10 frische grüne Chilischoten
1 TL Galangawurzel (Galgant)
2 TL Schalotten
2 TL Knoblauchzehen
1 TL Limettenschale
1 EL schwarze Pfefferkörner
1 TL Koriandersamen
1 TL Kreuzkümmel (Kumin)

Zitronengras, Koriander, Chili,
Galanga, Schalotten, Knoblauch
und Limettenschale fein hacken.
Mit den übrigen Zutaten im
Mörser zu einer Paste zerreiben.
In einem luftdicht verschlossenen
Glas ist die Paste im Kühlschrank
1 – 2 Wochen lang haltbar.

Rote Gewürzpaste

10 weiße Pfefferkörner
7 rote Chilischoten, getrocknet
1 EL Schalotten
1 EL Limettenschale
2 EL Knoblauchzehen
2 TL Korianderwurzel
2 TL Galangawurzel (Galgant)
2 TL Zitronengras

Pfefferkörner mahlen. Restliche
Zutaten fein hacken und mit dem
Pfeffer im Mörser zerreiben. Luftdicht verschlossen ist die Paste
gekühlt 1 – 2 Wochen lang haltbar.

Salat mit Glasnudeln

4 Tassen Mungbohnenglasnudeln
¾ Tasse getrocknete
Judasohrenpilze
(chinesische Morcheln)
2 Schalotten, ersatzweise Zwiebeln
4 dünne Frühlingszwiebeln
einige Knoblauchschlotten
2 Karotten
½ Salatgurke
je 1 frische rote und grüne
Chilischote
1 EL Erdnußöl
1 – 2 Knoblauchzehen,
fein gehackt
½ Tasse Gemüsebrühe oder Wasser
½ TL Palmzucker
¼ TL Salz
2 Zitronen
einige Salatblätter

Glasnudeln und Pilze getrennt 30 Minuten lang in warmem Wasser einweichen. Schalotten in sehr feine Halbmonde, Frühlingszwiebeln diagonal in ca. 4 cm große Stücke, Knoblauchschlotten diagonal in ca. 2 cm große Stücke und Karotten in sehr feine ca. 6 cm lange Stäbchen schneiden. Gurke schälen, längs halbieren und in ca. 7 mm dicke diagonale Stücke schneiden. Chilischoten längs halbieren, entkernen und in sehr feine diagonale Streifen schneiden. Alle Gemüse bis zur Verwendung sehr gut gekühlt halten. Öl in einem Wok leicht erhitzen, gehackte Knoblauchzehen darin vorsichtig unter Rühren 2 Sekunden lang sautieren und in eine große Schüssel gießen. Im selben Wok (ohne ihn auszuwaschen) etwa ½ Tasse Gemüsebrühe bzw. Wasser geben und die Pilze darin einige Minuten lang unter Rühren köcheln lassen. Palmzucker in etwas Wasser auflösen und durch ein feines Sieb geben. Zusammen mit Salz und den gut abgetropften Glasnudeln einrühren, sofort in die Schüssel mit dem Knoblauchöl geben, gut durchmischen und etwas abkühlen lassen. Gemüse mit dem Saft einer Zitrone vermischen und vorsichtig unter die Nudeln heben. Auf Salatblättern, mit Zitronenspalten garniert, sofort servieren.

○ *Variante:* Für diesen Salat können z. B. auch zusätzlich längs halbierte, blanchierte Babymaiskolben, blanchierter grüner thailändischer Spargel oder etwas reife, feste Tomatenspalten verwendet werden.

Süßreisperlen in Kokosmilch

ca. 5 – 10 Pandanblätter
3 Tassen Süßreismehl
ca. 1 ¾ Tassen Wasser
1 Tasse dicke Kokosmilch
½ Tasse Palmzucker
1 Prise Salz
1 Tasse Kokoscreme

Pandanblätter im Mörser zerstampfen, so daß ¼ Tasse Saft entsteht. Süßreismehl mit dem Pandanblättersaft und ca. ¾ Tasse Wasser zu einer festen Paste mischen und daraus erbsengroße Kügelchen formen. Diese in kochendes Wasser geben und wieder herausnehmen, sobald sie an die Oberfläche gestiegen sind. Kokosmilch mit 1 Tasse Wasser, Palmzucker und Salz unter Rühren langsam und vorsichtig zum Kochen bringen. Sobald der Palmzucker aufgelöst ist, die Soße durch ein feines Sieb gießen und wieder zum Kochen bringen. Reiskügelchen hineingeben und den Topf von der Feuerstelle nehmen, sobald die Soße wieder zu kochen beginnt. Kokoscreme zugeben und vorsichtig rühren, bis sie aufgelöst ist. Gekühlt servieren.

Vietnam

Reisnudeln

*500 g frische Reisbandnudeln,
in 7 cm lange Stücke geschnitten
1 – 2 EL Sesamöl
2 rote Schalotten, ersatzweise
Zwiebeln, in dünne halbierte
Halbmonde geschnitten
4 Knoblauchzehen, klein gehackt
1 Tasse Mungbohnensprossen
½ Tasse Gemüsebrühe oder Wasser
½ EL Shoyu
2 Frühlingszwiebeln, in dünne
Scheiben geschnitten
1 EL Korianderblätter, grob gehackt
1 EL Minze, grob gehackt
2 EL Erdnüsse, in der Schale
geröstet, gehackt*

Falls getrocknete Nudeln verwendet werden, diese 30 Minuten lang in warmem Wasser einweichen. Öl in einem Wok – ersatzweise in einer großen Pfanne – erhitzen und Schalotten und Knoblauch darin 1 – 2 Minuten lang unter Rühren leicht sautieren, bis sie eine goldene Farbe annehmen. Bohnensprossen zugeben und einige Sekunden lang mit sautieren. Nudeln zugeben und unter Rühren 1 Minute lang mit sautieren. Brühe und Shoyu einrühren, aufkochen lassen, Frühlingszwiebeln zugeben und vom Feuer nehmen. Vor dem Servieren mit Kräutern und Erdnüssen bestreuen.

Fritierter Tofu

*500 g Tofu, in ca. 1 ½ cm große
Würfel geschnitten
4 Tassen Mungbohnenglasnudeln
ca. ½ l Sesamöl
2 Stangen Lauch,
in Ringe geschnitten
2 Stengel Zitronengras,
fein geschnitten
je 1 frische grüne und rote
Chilischote, in Streifen
geschnitten
3 Tassen gelbe Nadelpilze
3 Knoblauchzehen, zerdrückt
6 Frühlingszwiebeln, in ca. 5 cm
große Stücke geschnitten
1 EL Shoyu*

Tofu fritieren, bis die Würfel eine goldene Farbe annehmen, und auf Küchenpapier abtropfen lassen. Nacheinander je 1 Tasse Glasnudeln ebenfalls golden fritieren und auf Küchenpapier abtropfen lassen. Nudeln auf Portionstellern anrichten. In einem Wok – ersatzweise in einer großen Pfanne – ca. 3 EL Öl erhitzen. Lauch und Zitronengras darin 1 Minute lang unter Rühren sautieren, Chilischoten zugeben und nach einer weiteren Minute Rühren Pilze, Tofu, Knoblauch und Frühlingszwiebeln dazugeben. Ca. ½ Tasse Wasser und Shoyu angießen, ca. 2 Minuten lang köcheln lassen, bis das Gericht etwas eingedickt ist, und über die Glasnudeln geben.

Exotischer Gemüse-Kokos-Topf

1 ½ getrocknete Blätter
  Sojamilchhaut von der
  Tofuherstellung
½ Tasse Tapiokaschnitzel
ca. ½ l Erdnußöl
1 ½ Tassen Kokosmilch
1 Tasse Süßkartoffeln, geschält und
  in 3 cm große Würfel geschnitten
1 Tasse Kürbis (nicht zu wäßrige
  Sorte), geschält und in ca. 3 cm
  große Würfel geschnitten
1 Tasse Taro, geschält und in ca.
  3 cm große Würfel geschnitten
¼ TL Salz
2 TL Palmzucker
⅓ Tasse Erdnüsse,
  in der Schale geröstet
1 frische rote Chilischote,
  in feine Scheiben geschnitten

Sojamilchblätter und Tapioka getrennt in heißem Wasser ca. 20 Minuten lang einweichen, abgießen,
die Blätter gut abtrocknen, in Streifen schneiden und in Öl knusprig
fritieren. In einem großen Topf
Kokosmilch, Tapioka, Süßkartoffel,
Kürbis und Taro zum Kochen bringen, salzen und bedeckt ca.
15 – 20 Minuten lang köcheln
lassen, bis das Gemüse fast weich
ist. Palmzucker in wenig Wasser
auflösen und durch ein feines Sieb
geben. Zusammen mit Erdnüssen,
Chilischote und Sojamilchhaut dem
Gemüse zugeben. Bedeckt weitere
5 Minuten lang köcheln lassen.

Bohnen-Kraut-Gemüse

1 ½ EL Sesamöl
4 cm Ingwerwurzel, fein gehackt
2 frische rote Chilischoten, fein
  gehackt
3 Tassen grüne Bohnen
2 Tassen Kokosmilch
¼ TL Salz
1 ½ Tassen Weißkohl, fein
  geschnitten

Öl in einem großen Topf erhitzen
und Ingwer und Chilischoten darin
1 Minute lang sautieren. Bohnen
zugeben und 1 Minute lang mit
sautieren. Kokosmilch angießen
und zum Kochen bringen, 3 Minuten lang köcheln lassen und Salz
sowie Weißkohl zugeben. Leicht
bedeckt ca. 3 – 4 Minuten lang
köcheln lassen, bis das Gemüse
weich ist.

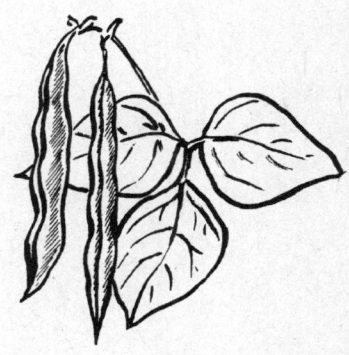

Wasserspinat mit Knoblauch

2 EL Erdnußöl
4 Knoblauchzehen, zerschlagen
500 g Wasserspinat, ersatzweise
  Brunnenkresse oder Spinat,
  in ca. 5 cm lange Stücke
  geschnitten
1 Prise schwarzer Pfeffer

Öl in einem Wok – ersatzweise in
einer großen Pfanne – erhitzen und
Knoblauchzehen darin 1 Minute
lang sautieren. Wasserspinat zugeben und unter Rühren einige Minuten lang sautieren. Ca. ½ Tasse
Wasser angießen und bedeckt ca.
1 – 2 Minuten lang köcheln lassen,
bis der Wasserspinat bißfest weich
ist. Mit Pfeffer abschmecken.

Eingelegte Senfblätter

500 g Senfblätter, ersatzweise
  Chinakohl, in ca. 4 x 1 cm große
  Stücke geschnitten
1 Bund Frühlingszwiebeln, in ca.
  4 cm lange Stücke geschnitten
½ Tasse Reisessig
1 EL Salz

Senfblätter und Frühlingszwiebeln
in eine Glasschüssel geben. Essig
mit Salz aufkochen, das Salz gut
auflösen, das Ganze abkühlen lassen und lauwarm über das Gemüse
gießen. 2 – 3 Tage an einem nicht
zu kühlen Ort fermentieren lassen,
dann abwaschen und im Kühlschrank aufbewahren.

Süß-scharfer Salat

1 Eisbergsalat, in feine Streifen
  geschnitten
½ Salatgurke, in dünne Stäbchen
  geschnitten
2 Karotten, in dünne Stäbchen
  geschnitten
1 Tasse Mungbohnensprossen
1 EL Zitronensaft
1 TL Reisessig
½ EL Shoyu
3 Knoblauchzehen, zerrieben
1 TL Palmzucker
1 frische rote Chilischote, fein
  gehackt
1 EL Erdnüsse, in der Schale
  geröstet und gehackt
3 EL Korianderblätter, fein gehackt
3 EL Minze, fein gehackt

Salat, Gurke und Karotten in einer
großen Schüssel mischen. Bohnensprossen 1 Sekunde lang in kochendem Wasser blanchieren, gut
abtropfen und abkühlen lassen und
zu dem Gemüse geben. Zitronensaft, Essig und Shoyu mischen und
Knoblauch zugeben. Palmzucker in
etwas Wasser auflösen, durch ein
feines Sieb geben und ebenfalls
hinzufügen. Chilischote und Erdnüsse einrühren. Dressing vorsich-

tig in den Salat einmischen und Kräuter überstreuen.

○ *Variante:* Nach Belieben mit 2 geviertelten hartgekochten Eiern garnieren.

Gefüllte Süßreisknödelchen in Ingwersirup

2 ¼ Tassen kochendes Wasser
2 Tassen Süßreismehl
¼ Tasse getrocknete, geschälte Mungbohnenhälften
1 ⅛ Tasse Reismalz
¼ Tasse gelber Sesam, ungeschält
7 cm Ingwerwurzel, zerschlagen

Ca. ¾ Tasse kochendes Wasser mit Stäbchen schnell in das Süßreismehl einarbeiten, so daß ein klebriger Teig entsteht. Bedeckt etwas abkühlen lassen.
Bohnen nach dem Grundrezept (siehe Seite 10) blanchieren und in ca. 45 – 60 Minuten weichdämpfen. Bohnen in der Küchenmaschine mit 1 ½ EL Reismalz pürieren. Sesam gut waschen und abtropfen lassen und in einer leicht erhitzten Pfanne unter Rühren rösten, bis die Samen aufplatzen und zu »springen« beginnen. Sesam in das Bohnenpüree einmischen.
Von dem Süßreisteig je eine kleine Portion davon abnehmen (den Rest bedeckt lassen) und kleine Bällchen

mit einem Durchmesser von ca. 3 cm formen. Mit dem Finger ein Loch hineinbohren, dieses mit der Bohnenmasse füllen und gut verschließen. Knödel in kochendes Wasser geben und ca. 2 Minuten lang köcheln lassen, bis sie an die Oberfläche gestiegen und gar sind. Ingwer mit dem restlichen Reismalz unter ständigem Rühren vorsichtig und langsam erhitzen, leicht köcheln lassen, bis das Malz karamelisiert. 1 ½ Tassen Wasser langsam einrühren und das Ganze zu einem Sirup einkochen lassen. Sirup durch ein feines Sieb geben und die Knödel ca. 2 Minuten lang in dem heißen Sirup leicht köcheln lassen. Kalt servieren.

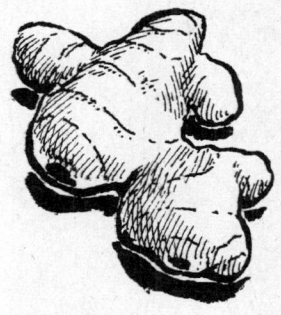

Indonesien

Fermentierte Reisrollen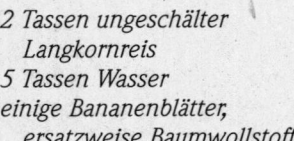

2 Tassen ungeschälter
Langkornreis
5 Tassen Wasser
einige Bananenblätter,
ersatzweise Baumwollstoff

Reis in Wasser bedeckt ca. 1 – 1 ½
Stunden lang garen, bis die Reiskörner weich und aufgeplatzt sind und
alles Kochwasser absorbiert ist. Den
Topf geschlossen halten und an
einem warmen Ort mindestens
über Nacht leicht fermentieren
lassen. Reis leicht stampfen und in
ca. 10 cm lange Rollen mit einem
Durchmesser von ca.
3 cm formen. Diese in Bananenblätter wickeln, mit Zahnstochern
feststecken und 1 – 2 Stunden lang
dämpfen. Gut abkühlen lassen.
Rollen aus den Blättern schälen und
in Scheiben geschnitten, nach Belieben mit gut gerösteten Zwiebelhalbmonden, kalt servieren.

Fritierte Tempehplätzchen

500 g frischer Tempeh, gut reif
2 Knoblauchzehen, zerdrückt
je 1 frische rote und grüne
Chilischote, sehr fein gehackt
¼ TL Salz
ca. ½ l Erdnußöl

Tempeh mit einer Gabel nicht zu
fein zerdrücken. Sollte nur Tempeh
von minderwertiger Qualität erhältlich sein, d. h. nicht reifer und
damit zu harter, oder pasteurisierter
Tempeh, dann am besten ein Drittel
davon durch einen feinen Fleischwolf geben, damit die Masse bin-
det. Knoblauchzehen, Chilischoten
und Salz gut in den Tempeh einmischen. Kleine Bällchen mit einem
Durchmesser von ca. 4 cm formen,
etwas flachdrücken und in Öl
knusprig fritieren, bis die Bällchen
eine goldene Farbe annehmen.

Fritierte Cassava und Jackfruit

ca. 10 cm Cassava, geschält
ca. ½ Babyjackfruit, ersatzweise
  Brotfrucht, geschält
ca. ¼ TL Chilipulver
ca. ¼ TL Salz
ca. ½ l Erdnuß- oder Sojaöl

Cassava in ca. 2 – 3 cm dicke Streifen schneiden und dabei den harten Strang aus der Mitte entfernen. Jackfruit in ca. 1 cm dicke Spalten schneiden. Gemüse knusprig fritieren und mit Chilipulver und Salz bestreuen.

Vorsicht, nicht mit Ingwer zusammen essen! (Siehe Hinweise, Seite 8)

Jackfruit in Kokossoße

1 Babyjackfruit (ca. 1 kg), geschält
8 Kemiri-Nüsse, ersatzweise
  Macademia-Nüsse
6 EL frisch geriebene, alte trockene
  Kokosnuß
4 Zwiebeln, fein gehackt
5 Tassen dicke Kokosmilch
3 cm Ingwerwurzel, gerieben
1 cm Galangawurzel (Galgant),
  gerieben)
1 TL Gelbwurz, gemahlen
  (Kurkuma)
2 Kurkuma-Blätter (salam)
4 Limettenblätter
4 TL Chilipaste
¼ TL Salz

Jackfruit in ca. 3 cm große Würfel schneiden und in Salzwasser ca. 10 – 15 Minuten lang kochen, bis sie fast weich ist, dann abschütten und gut abtropfen lassen. Nüsse und Kokosraspel in einer leicht erhitzten, ungefetteten Pfanne vorsichtig und langsam unter Rühren rösten, bis sie bräunen, und im Mörser zu einer Paste zerreiben. Zwiebeln zugeben und ebenfalls zerreiben. Paste in einem großen Topf mit Kokosmilch mischen. Ingwer- und Galangawurzel, Gelbwurzpulver, Kurkuma- Limettenblätter, Chilipaste und Salz zugeben und zum Kochen bringen. Jackfruit ca. 30 – 40 Minuten lang in der Soße leicht bedeckt köcheln lassen, bis die Soße etwas eingedickt ist.

Gegrillte scharfe Auberginen

8 kleine dünne Auberginen
6 Knoblauchzehen, zerrieben
ca. 12 TL Chilipaste ,
¼ Tasse Erdnuß- oder Sojaöl

Die ganzen Auberginen (mit Stiel) gut einölen und vorsichtig und langsam, möglichst auf Holzkohle ca. 30 Minuten lang grillen, bis sie weich sind und die Haut zu runzeln beginnt. Knoblauchzehen mit Chilipaste mischen, ca. 1 – 2 EL Öl einrühren und Auberginen gut mit dieser Mischung einreiben. Warm oder kalt servieren.

Bananenherzgemüse

1 Bananenherz (Bananenblüte)
1 Tasse dicke Kokosmilch
3 Schalotten oder Zwiebeln,
* in halbierte Halbmonde*
* geschnitten*
¼ TL Salz
1 Prise weißer Pfeffer

Äußere Blätter des Bananenherzens entfernen, bis die blasseren Blätter erscheinen, und ca. 15 Minuten lang in Salzwasser kochen, bis das Bananenherz weich ist. Längs vierteln und in ca. 1 cm breite Stücke schneiden. In der Zwischenzeit Kokosmilch mit Schalotten, Salz und Pfeffer zum Kochen bringen und ca. 20 – 30 Minuten lang leicht bedeckt köcheln lassen. Bananenherz zugeben und weitere ca. 10 Minuten lang köcheln lassen.

○ *Variante:* Statt Bananenherzen können auch grüne unreife Mangos verwendet werden. Diese einige Zeit lang in Salzwasser legen und ca. 3 Minuten lang in der Soße mitkochen.

Süß-scharfer Wasserspinat

500 g Wasserspinat, ersatzweise
Brunnenkresse oder Spinat
2 Zwiebeln, fein gehackt
1 Knoblauchzehe, fein gehackt
1 TL Chilipaste
½ TL Palmzucker
¼ TL Shoyu

Wasserspinat in kochendem Wasser ca. 3 – 4 Minuten lang blanchieren. Falls Brunnenkresse oder Spinat verwendet werden, diese nur 1 Sekunde lang blanchieren. Zwiebeln und Knoblauchzehe mit Chilipaste, Palmzucker und Shoyu im Mörser zu einer Paste zerreiben und diese in einer Pfanne bei niedriger Hitze unter Rühren erwärmen. Wasserspinat gut abtropfen lassen, in die Paste einrühren und ca. 1 Minute lang unter Rühren heiß werden lassen. Warm oder kalt servieren.

Chilipaste

500 g frische rote Chilischoten,
entkernt und grob gehackt
1 ½ TL Salz

Chilischoten in einen Topf geben, kochendes Wasser darüber gießen, bis diese bedeckt sind, und ca. 8 Minuten lang köcheln lassen. Abschütten und in der Küchenmaschine nicht zu fein pürieren. Chilischoten in ein Glas füllen, Salz einrühren, Glas fest verschließen und im Kühlschrank aufbewahren. Diese Mischung ist einige Monate lang haltbar.

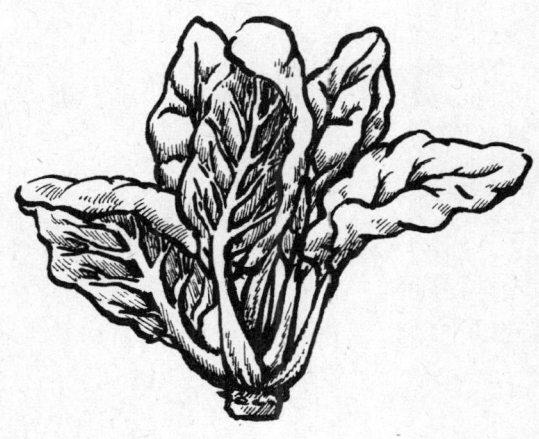

Scharfe Kokosflocken

½ frisch geriebene junge Kokosnuß
1 – 2 frische rote Chilischoten,
*   sehr fein gehackt*
1 Prise Salz

Kokosraspeln mit Chilischoten und
Salz gut vermischen. Als Beigabe zu
allen Gerichten servieren.

Tagelang waren wir in den javanischen Bergen unterwegs, ohne eine Möglichkeit gefunden zu haben, gekochtes Gemüse zu essen. Nach stundenlangem Suchen fanden wir eines Abends schließlich ein wunderschön gelegenes Restaurant mit großer Gartenterrasse. Leider konnten wir der Bedienung nicht verständlich machen, daß wir Gemüse essen wollten. Wir gingen mit in die Küche und fanden im Kühlschrank frisches Gemüse und Tempeh. Nachdem wir fast den kompletten Kühlschrank leergeräumt und alles auf einen Tisch gelegt hatten, versuchten wir per Zeichensprache zu erklären, daß wir das nun gerne gekocht hätten. Mittlerweile hatten sich etwa zehn junge Leute in der Küche versammelt, die alle viel Spaß hatten, aber nicht so recht wußten, was sie tun sollten. Schließlich ergriff mein Partner ein Messer und begann das Gemüse zu schneiden. Mit großen Augen schauten alle zu, offenbar erstaunt darüber, wie professionell und schnell er das Gemüse schneiden konnte. Und dann begannen alle mitzuhelfen. Sie entzündeten eine Feuerstelle und stellten einen enormen Wok darauf. Riesengroße Flammen schnellten am Rand des Wok empor, und mein Partner wurde aufgefordert, das Gemüse zu kochen. Unter großem Gelächter schaffte er es gerade so, das Gemüse zuzubereiten, bevor er vor der Hitze des Feuers und dem Gewicht des Wok kapitulieren und nach draußen flüchten mußte. Als uns das Essen schließlich auf der Terrasse serviert wurde, waren wir froh, uns wieder einmal richtig satt essen zu können, und freuten uns über das schöne Erlebnis in der Küche. Die ungeheure Rechnung, die uns für unser selbstzubereitetes Essen präsentiert wurde, konnte uns daher nicht aus der Fassung bringen!

Salat mit Erdnußsoße

½ Eisbergsalat
¼ kleiner Weißkohl
½ Salatgurke
1 Tasse Wasserspinat, ersatzweise
Brunnenkresse oder Spinat
1 Tasse grüne Bohnen
1 Tasse Mungbohnensprossen
1 Tasse Tempeh
1 Knoblauchzehe, fein gehackt
1 frische grüne Chilischote,
fein gehackt
½ – ¾ Tasse Erdnußmus
¼ TL Salz

Eisbergsalat und Weißkohl in feine Streifen schneiden. Gurke längs vierteln und in feine Scheiben schneiden, so daß Dreiecke entstehen. Wasserspinat und Bohnen in kochendem Salzwasser bißfest blanchieren, dann in ca. 4 cm lange Stücke schneiden. Bohnensprossen in kochendem Wasser 1 Sekunde lang blanchieren. Tempeh in ca. ½ x 4 cm große Stäbchen schneiden, fritieren, bis die Stücke eine goldene Farbe annehmen, und auf Küchenpapier abtropfen lassen. Knoblauch und Chilischote im Mörser fein zerreiben, mit Erdnußmus und etwas Wasser zu einem Dressing rühren und mit Salz abschmecken. Nach Belieben alle Zutaten vermischen oder Gemüse und Tempeh in getrennten Häufchen auf Portionstellern anrichten und das Dressing darübergießen oder in kleinen Schälchen getrennt dazu reichen.

○ *Variante:* Dem Dressing kann etwas Limettensaft und Palmzucker zugefügt werden. Auch hartgekochte, in Viertel geschnittene Eier werden manchmal zu diesem Salat serviert. Oft werden fermentierte Reisrollen (siehe Seite 170) zu diesem Salat serviert, was dann eine komplette Mahlzeit ergibt.

Schwarzer Reispudding

1 Tasse schwarzer Reis aus
Indonesien, Thailand etc.
3 Tassen Wasser
1 Pandanblatt
1 Prise Salz
ca. 2 – 4 EL Palmzucker
2 Tassen Kokosmilch

Reis mit Wasser und dem zusammengeknoteten Pandanblatt im Dampfdrucktopf zum Kochen bringen, salzen und unter niedrigem Druck ca. 1 Stunde lang garen lassen. Blatt entfernen und Reis mit einem Holzlöffel umrühren. Palmzucker mit etwas Wasser erhitzen, darin auflösen und durch ein feines Sieb geben. Den warmen Reis in Portionsschälchen verteilen und mit Kokosmilch übergießen. Nach Geschmack mit dem in Portionsschälchen servierten flüssigen Palmzucker süßen.

Die Autorin

Angelika Krüger, geboren 1964, studierte Ethnologie in Frankfurt/ Main. Während ihres Studiums interessierte sie sich immer stärker für die vollwertige vegetarische Ernährung und besuchte verschiedene Seminare und Kochkurse zu diesem Thema. Später arbeitete sie regelmäßig in einem Naturkostladen und bot selbst auch Koch- und Backkurse an.

Ihr Interesse an fremden Kulturen verbindet Angelika Krüger mit ihrer großen Leidenschaft, dem Reisen. Insbesondere begeistert sie sich für die jeweils landestypische Küche mit ihren speziellen Zutaten und Zubereitungsweisen. Bei jeder Reise sammelt sie viele Eindrücke – und Rezepte, von denen sie eine Auswahl in diesem Buch zusammengestellt hat.

Glossar

Agar Agar: gelatineähnliches Produkt, das aus verschiedenen Rotalgen hergestellt wird. Gelöstes Agar Agar ist glasklar und vollkommen geschmacksneutral. Es ist in Flocken- und Pulverform erhältlich.

Angelika: (Syn.: Engelwurz) Gewürz, das vor allem im europäischen und vorderasiatischen Raum Verwendung findet. Kandierte Angelika wird oft zur Dekoration von Süßspeisen verwendet.

Arame-Algen: eine in fadendünne Streifen geschnittene Braunalge mit mildem Geschmack.

Bambussprossen: junge Sprossen und Triebe immergrüner Gräser verschiedener botanischer Gattungen in tropischen Gebieten. Die kurzen krautigen Sprosse sind bis zu 30 cm lang und haben einen Durchmesser von ca. 7 cm. Mit ihrem kohlrabiähnlichen Geschmack finden sie vor allem in der fernöstlichen Küche Verwendung.

Bockshornklee: getrocknete, rautenförmige Samen und Blätter, die in Mittelmeerländern und im asiatischen Raum als Gewürz verwendet werden.

Brotfrucht: große, fast kugelige Scheinfrucht des Brotfruchtbaumes mit ölreichen Samen. Brotfrüchte können gekocht oder gebraten bzw. fritiert werden und sind in den Tropen ein wichtiges Nahrungsmittel.

Bulgur: ein seit Jahrhunderten im Nahen und Mittleren Osten sowie in Nordafrika bekanntes Weizenprodukt. Zur Herstellung von Bulgur wird Weizen eingeweicht, 1 bis 3 Stunden lang gekocht und grob zerkleinert.

Butternut-Kürbis: festfleischiger orangefarbener, süßlicher Kürbis von länglicher Form, der sich am unteren Ende verdickt.

Cantaloupe-Melone: süße Melone mit gelblich-orangefarbenem Fruchtfleisch und grün-gelblich gerippter Schale.

Cassava: (Syn.: Maniok) dicke, stärkereiche bräunliche Knolle mit weißem oder gelbem, festem Inneren. Die Knollen werden vorwiegend in Afrika und Asien angebaut und können auf verschiedene Weise verarbeitet werden, z. B. durch Kochen, Dämpfen und Rösten.

Chipotle-Paprika: mittel- und südamerikanische getrocknete und geräucherte Chilisorte.

Choi: chinesische Kohlarten, z. B. chinesischer Brokkoli (Syn.: »morning glory« bzw. »Kai-lan«), Pak Choi etc.

Cocoyam: (Syn.: Taro, Arbi) große weißrosa- oder gelbfleischige Knolle mit hohem Stärkegehalt, die heute weltweit in tropischen Gebieten angebaut wird. In der Küche läßt sie sich gekocht, gebacken oder fritiert verwenden. Von den trockenen und geschälten Knollen wird Mehl gewonnen.

Cous Cous: ein in Nordafrika verbreitetes Gericht. Zur Herstellung wird Hartweizenschrot angefeuchtet, mit heißem Wasserdampf vorgegart und anschließend getrocknet (Herstellung ähnlich wie Bulgur).

Daikon-Rettich: weiße Rettichart, die bis zu 40 cm lang und drei bis fünf Pfund schwer wird. Daikon gehört in Japan zu den geschätztesten und am meisten verbreiteten Gemüsearten.

Dulse-Algen: eine Rotalge, die auch auf dem europäischen Kontinent seit Jahrhunderten eine gewisse Tradition als Nahrungsmittel hat.

Epazoteblätter: (Syn.: Gänsefußkraut) getrocknete Epazoteblätter werden ähnlich wie Lorbeerblätter zum Würzen verwendet.

Favabohnen: (Syn.: Sau-, Puff- oder Pferdebohnen) insbesondere im östlichen Mittelmeerraum verbreitete braune, etwas unförmige, flache getrocknete Bohnenkerne.

Galangawurzel: (Syn.: Galgant) Wurzel der Ingwergewächse.

gardeneggs: kleine, runde oder ovale Auberginenart von weiß-violetter bzw. weiß-grüner oder hellgelber Farbe.

Genmai Su: natürlich fermentierter Essig, der aus Reis hergestellt wird.

Ghee: Butterschmalz; klares flüssiges Fett, das durch Aufschäumen von Butter gewonnen wird.

Gingko-Nüsse: Nüsse des japanischen Nußbaumes.

Granatapfel: runde, apfelgroße, bis 500 g schwere gelbrote oder orangegelbe Frucht des Granatapfelbaumes mit dicker, lederiger Schale und geleeartigem Fruchtfleisch, das zahlreiche Kerne umhüllt.

Grünkern: unreifer Dinkel (eine alte Kulturform des Saatweizens), der über einem Holzfeuer gedarrt wird.

Guave: Beerenfrucht eines immergrünen Strauches. Die gelbschalige Frucht ist rundlich, ei- oder birnenförmig, das Fruchtfleisch ist fest, weiß-grünlich oder tiefrosa und saftig.

Haarpilz, schwarzer: getrocknete chinesische Pilzart in der Form dünner schwarzer Haare.

Hato Mugi: (Syn.: asiatische Perlgerste) aus Asien stammende Wildform der Gerste.

Hokkaido-Kürbis: aus Japan stammender festfleischiger, süßer grüner Kürbis mit orangefarbenem Fruchtfleisch.

Jackfruit: unregelmäßig geformte Frucht mit harter, warziger hellgelber bis grüner Schale. Zum Kochen wird die ganze kleine, nicht voll ausgereifte Frucht verwendet. Das goldgelbe Fruchtfleisch der großen, ausgereiften Frucht ist saftig, feinfaserig und angenehm süß, die großen Kerne können gekocht werden und schmecken bohnen- bzw. nußähnlich.

Judasohren-Pilz: Ständerpilz mit schüssel- oder ohrenförmigem Fruchtkörper.

Kaktusfeigen: stachelige, grün-gelb-orangerote Früchte des *Opuntia*-Kaktus, deren Fruchtfleisch orangefarben, sehr süß und voller Kerne ist.

Kalamata-Oliven: spitzförmige, purpurschwarze griechische Olivenart.

Kangkung: (Syn.: Wasserspinat) spinat-ähnliches südostasiatisches Gemüse, von dem sowohl die Blätter als auch die hohlen Stiele verwendet werden.

Kamut: weizenähnliches Ur-Getreide aus dem ägyptischen Raum.

Kardamom: Fruchtkapseln der vorwiegend in Indien und Java heimischen Kardamompflanzen.

Kassia: Blätter vom Zimtbaum.

Kemirinüsse: (Syn.: Kandelnüsse) haselnußförmige hellgelbe, ölhaltige Samen des Kekunußbaumes.

Kichererbsen: meist rundliche, kantig-unregelmäßige Samen. Kichererbsen werden meist getrocknet verwendet, wobei die dann gelblichen Samen (als Früchte von Leguminosen)vor allem der Eiweißzufuhr dienen.

Klettenwurzel: langes, hartes Wurzelgemüse mit intensivem, erdigem Eigengeschmack, das meist am Waldrand in gemäßigten Klimazonen wächst.

Kombu-Alge: breite, dicke, dunkle Braunalge, die vor allem mit Hülsenfrüchten zusammen gekocht wird, wobei sie diese schneller garen läßt und besser verdaulich macht.

Kotokol: südostasiatisches grünes Blattgemüse mit petersilienähnlichem Geschmack.

Kreuzkümmel: (Syn.: Kumin) gelbbraune, sehr aromatische Samenkörner einer Petersilienart.

Kumin: siehe Kreuzkümmel.

Kuzu: Stärkeextrakt aus der Wurzel einer Hochgebirgspflanze, das zum Andicken von Soßen, Suppen und Nachspeisen verwendet werden kann.

Limette: kleine, runde, zitronenähnliche Frucht mit grüner Schale und grünlichem, äußerst saftigem, sehr saurem Fruchtfleisch.

Litschi: ovale Frucht mit rötlicher und schuppiger Schale, unter der sich das feste, saftige, geleeartige transparentweiße Fruchtfleisch verbirgt. Das Fleisch schmeckt süßsauer und parfümiert, ähnlich einer Sauerkirsche, mit ein wenig Muskatbeigeschmack.

Lotuswurzel: Wurzel einer einjährigen, im Wasser lebenden Knollenpflanze, die roh oder gekocht als Gemüse verwendet wird.

Macademianuß: (Syn.: australische Haselnuß) kleine, kugelrunde Nuß mit glatter, hellbrauner Steinschale, die geknackt wird, bevor die Nüsse in den Handel kommen. Macademianüsse besitzen einen feinen, cremigen Geschmack. Sie stammen aus Australien, werden heute aber auch in den USA (Hawaii), Südafrika und Mexiko kultiviert.

Mango: rundliche bis eiförmige Steinfrucht; unter einer lederigen, ungenießbaren grüngelben bis orangeroten Schale befindet sich das zarte gelbe oder aprikosenfarbene, sehr saftige und aromatische, oft parfümiert schmeckende Fruchtfleisch.

Maniok: siehe Cassava.

Miso: fernöstliche, fermentierte Würz-paste, die aus Sojabohnen und Meersalz und eventuell auch Gerste, Reis oder anderem Getreide hergestellt wird.

Moos, schwarzes: asiatische Pilzart, die in getrockneter Form schwarzem Moos ähnlich sieht.

morning glory: siehe Choi. Von dieser Kohlart können die grünen Stengel und Blätter sowie die kleinen Blüten ver-wendet werden.

Mungbohnen: (auch »grüne Sojaboh-ne« genannt) einjährige Leguminose mit erbsengroßen olivgrünen Samen, die vorwiegend in China, Indien und Afrika angebaut wird. Oftmals werden sie gekeimt verwendet und sind dann als Sojassprossen bekannt.

Nigellasamen: (Syn.: Schwarzküm-mel) kleine, kantige Samen, die vor allem im vorderasiatischen, nordafrika-nischen und südeuropäischen Raum als Gewürz verwendet werden.

Okra: in Vorder- und Südostasien sowie in Afrika beheimatete, längliche, kanti-ge Schoten, die gekocht oder gebraten als Gemüse verwendet werden (engl.: »Lady's fingers«).

Palmherz: (Syn.: Palmito) Mark aus dem Vegetationskegel an der Spitze bzw. aus dem Ansatz der Wedel der bis zu 20 m hohen Palmen. Jede Palme hat nur ein Palmherz, und die Ernte desselben bedeutet den Tod der aus-gewachsenen Bäume, da diese zur Ernte umgeschlagen werden. Um 1 kg des »Luxusgemüses« Palmito zu gewin-nen, braucht man das Mark von zwei Palmen.

Palmnußmus: aus dem Fruchtfleisch der Ölpalmenfrüchte gewonnenes rotes Mus.

Palmöl: aus dem weichen Fruchtfleisch von Früchten der Ölpalme gewonnenes orangerotes Öl, das nur bei relativ hoher Außentemperatur flüssig wird.

Palmzucker: von Zuckerpalmen ge-wonnener Zucker: Hierfür werden die Blütenstände der Zuckerpalme abge-schnitten und der dabei gewonnene Blutungssaft eingekocht.

Pandanblätter: lange, schmale grüne Blätter des asiatischen Pandanusbau-mes, die oftmals für Süßspeisen, ins-besondere solche aus Reis, verwendet werden.

Papadam: indische, dünne, getrockne-te Fladen aus verschiedenen Linsen-sorten und Öl, die mit Salz, Pfeffer, Knoblauch u. ä. gewürzt werden. Vor dem Servieren müssen sie fritiert oder über einer Flamme geröstet werden.

Papaya: runde bis birnenförmige Frucht mit gelbgrüner, empfindlicher Haut und melonenartigem, süßem rotem Fruchtfleisch, das einen großen Hohlraum mit vielen schwarzen kirsch-kerngroßen Kernen enthält.

Passionsfrucht: unterschiedlich große Früchte, deren Schale gelblich, weinrot bis dunkelbraun sein kann. Sie besitzen ein großes Kerngehäuse, das bis zu 200 schmale schwärzliche Kerne enthält und mit einer dünnen weißen bis gelbli-chen gallertartigen Masse gefüllt ist. Das Fruchtinnere hat einen erfrischen-den, süß-säuerlichen Geschmack.

Perlgerste: siehe Hato mugi.

Piment: (Syn.: Nelkenpfeffer) unreife Früchte des in Indien und Zentralamerika heimischen Pimentbaumes, die als Gewürz verwendet werden.

Portulak: (Syn.: Postelein) kleine grüne Blätter, die als Gemüse, Salat oder Kräuter verwendbar sind.

Quinoa: das »Korn der Inkas«; kleine beige-gelbe Körner, die in großer Zahl am Ende eines 1 bis 2 m langen Halms hängen. Quinoa kann als ganzes Korn wie Reis oder Hirse gekocht werden. Es besitzt einen leichten, nussigen Geschmack.

Rapa: (Syn.: Stengelkohl, »wilder Brokkoli«) Kohlgemüse mit langen Stielen und kräftigem grasgrünen Laubwerk und Blüten. Von Rapa kann die gesamte Pflanze gekocht werden.

Rauke: siehe Rucola

Reisbandnudeln: in Fernost aus Reismehl und Wasser hergestellte Nudeln.

Reisessig: siehe Genmai Su.

Reismalz: süßer goldener Sirup, der aus gemälztem Reis hergestellt wird.

Rucola: (Syn.: Rauke) einjähriges, bis 75 cm hoch werdendes Kraut mit fiederteiligen Blättern, die, solange sie jung sind, einen kräftigen, nussigen Geschmack besitzen. Rucola wird roh als Salat, aber auch als kurz gekocht als Gemüse verwendet.

Sago: gekörntes Nahrungsmittel mit 80 % Stärkegehalt aus dem Mark der Sagopalme.

Seitan: ursprünglich in China entwickeltes Weizengluten, d. h. das »Eiweiß« des Weizens, aus dem die Stärke ausgewaschen wurde. Seitan wird in Tamari-Sojasoße, Kombu und Wasser gekocht. Da Seitan in Konsistenz, Aussehen und Geschmack dem Fleisch durchaus ähnlich ist, bietet es sich als Fleischersatz geradezu an.

Shiitake: (Syn.: Tongku-Pilz) asiatischer Baumpilz mit intensivem Geschmack, der vor allem zur Herstellung von Suppen verwendet wird.

Shoyu: asiatische fermentierte Würzsoße, die aus Sojabohnen, Weizen und Salz hergestellt wird.

Silberpilz: gelblicher Schwammpilz, der beim Kochen zu einer geleeartigen Masse wird und das Gericht andickt.

Soba: japanische Nudeln aus Buchweizen.

Steckrübe: (Syn.: Kohlrübe) rundliche Knolle mit orange-gelblichem Fleisch.

Sternfrucht: (Syn.: Karambola) 6 – 12 cm lange gelbliche Frucht mit 5 – 6 tiefen, längs verlaufenden Furchen, die der Frucht beim Durchschneiden ein sternförmiges Aussehen verleihen. Das Fruchtfleisch ist süß und saftig und erinnert im Geschmack an Quitten oder Stachelbeeren.

Süßkartoffel: (Syn.: Batate) stärkehaltige Wurzelknolle eines in den warmen Gegenden der ganzen Welt angebauten Windengewächses.

Süßreis: asiatische süße Reissorte mit hohem Glutengehalt.

Tahin: Sesammus.

Tamari: traditionell auf natürlichem Wege fermentierte, reine Sojasoße.

Tamarinde: braunes saures Fruchtmark des indischen Baumes *Tamarinda indica.*

Tangerine: kleinste Art der Mandarinengruppe. Die Tangerine hat eine abgeflachte Form und eine leicht lösliche Schale. Das Fruchtfleisch ist zart, orangerot, saftig und besitzt einen nicht besonders ausgeprägten Zitrusgeschmack.

Tapioka: Cassavastärke, siehe Cassava.

Taro: siehe Cocoyam.

Tef: äthiopische Getreideart, die zur Gattung »Liebesgras« gehört. Tef wird als Kultur- und Futterpflanze angebaut.

Teltower Rübchen: (Syn.: Mairübchen, Navets) Zuchtform der Rübsen (Feldkohl).

Tempeh: indonesisches (javanisches), traditionell in Bananenblättern fermentiertes Sojabohnenprodukt, das gänzlich ohne Salz hergestellt wird.

Tongku-Pilz: siehe Shiitake-Pilz.

Topinambur: kleine, unregelmäßig geformte Knolle eines tropischen südamerikanischen Sonnenblumengewächses mit süßlich schmeckendem weißem Fruchtfleisch; traditionell wird Topinambur gekocht verwendet.

Ume-Su: siehe Umeboshi-Essig.

Umeboshi-Essig: (Syn.: Ume-Su) Saft der Umeboshi-»Pflaume«, der bei der Herstellung von Umeboshi (in Salz eingelegte, milchsauer vergorene unreife Aprikosen) anfällt. Er hat einen salzigen, sauren Geschmack und wird für Salatsoßen, zum Kochen oder bei der Bereitung von Pickles verwendet.

Wakame-Alge: dünnblättrige und weiche Braunalge.

Wasserkastanien: kleine dunkelbraune oder schwarze Knollen mit festem weißem bis gelb-weißem Fleisch und einem süßen, kastanienähnlichen Geschmack. Die Wasserkastanie ist eine Ufer- und Sumpfpflanze.

Wasserspinat: siehe Kangkung.

Yam: Pflanzengattung mit etwa 250 Arten, die in den wärmeren Zonen der ganzen Welt verbreitet ist. Yam ist wegen ihrer Stärke- und kleberreichen Knollen in vielen Ländern, insbesondere in Afrika, eine wichtige Nahrungspflanze.

Zitronengras: zu den Süßgräsern gehörende Pflanze, die zugleich nach Zitronen und Rosen riecht.

Zuckerschoten: (Syn.: mange tout) junge, zarte Erbsenschoten, in denen die Samen (Erbsen) kaum ausgebildet sind und die ganz verzehrt werden.

Rezeptindex

184

Andere Bücher aus dem pala-verlag

Irmela Erckenbrecht:
**Querbeet – Vegetarisch kochen
rund ums Gartenjahr**
ISBN: 3-89566-114-7

Yashoda Aithal:
Vegetarisch kochen – indisch
ISBN: 3-923176-98-8

Jutta Grimm:
Vollwert-Naschereien
ISBN: 3-923176-99-6

Helen Nearing:
Kochbuch des guten Lebens
ISBN: 3--89566-119-8

Vollwertküche mit Pfiff

Herbert Walker:
**Vollwertig kochen mit Pfiff –
ohne tierisches Eiweiß**
ISBN: 3-923176-74-0

Herbert Walker:
**Vollwertig backen mit Pfiff –
ohne tierisches Eiweiß**
ISBN: 3-923176-79-1

Herbert Walker:
Vollwertige Süßspeisen mit Pfiff
ISBN: 3-89566-101-5

Nick Nossem:
**Vollwert-Eis selbstgemacht –
ohne tierisches Eiweiß**
ISBN: 3--89566-100-7

Köstliches aus der Körnerküche

Petra Schwenk:
**Kochen und Backen mit
Buchweizen**
ISBN: 3-923176-64-3

Ute Rabe:
Dinkel und Grünkern
ISBN: 3-923176-72-4

Wolfgang Hertling:
Kochen mit Hirse
ISBN: 3-923176-50-3

Ute Rabe:
Kochen und Backen mit Hafer
ISBN: 3-923176-81-3

Vollwertig, vegetarisch, gesund

Jutta Grimm:
Vegetarisch grillen
ISBN: 3-923176-80-5

Jutta Grimm:
Brotaufstriche selbstgemacht
ISBN: 3-923176-65-1

Goetz/Queissert:
Einfach anders essen
ISBN: 3-923176-94-5

Schorndorfer/Schöning:
Konservierung
ISBN: 3-923176-38-4

Gesamtverzeichnis bei:
pala-verlag • Postfach 11 11 22 • 64226 Darmstadt